長白山森林文化・下冊

目
録

第三章 ——

抬　木

▍抬木文化

　　大樹伐完，無論是山上拖木，還是到楞場歸楞、裝車、到江邊去放排，都需要人去抬，所以可以這麼說，大山上的森林其實是用人類的肩膀扛下來的，所以，森林文化離不開抬木人。抬木人唱的歌，叫森林號子。

　　一種文化，它如果能被人記得，就說明它不死。這是文化自身的能力，也是它的價值。

　　森林是長白山獨特的自然資源。這裡的樹林綠得使人心醉。那種蒼蒼茫茫的綠色把大山蓋起來，整個山地和空中飄蕩著森林的濃濃氣息，樹種奇特而豐富。特別是黃波欏、水曲柳、樺樹、鐵力、臭松、美人松，這些古老而稀有的樹種，在大山的西坡豐饒地生長著，而更為獨特的是松樹。紅松、白松、樟子松、落葉松更是多得不勝枚舉。就在西坡的松江河通往長白縣的路上有一個地方叫「母樹林」，這裡的一片紅松棵棵都有一米多粗，甚至有兩米多粗的。這片神奇的紅松林據森林科學家推算樹齡都在千年以上，它們是奇妙地躲過了長白山最後幾次火山噴發而遺留在地球上的神奇物種……

　　人類的誕生和繁衍，經過千萬年奔走和遷徙，人從一地到達一地，所有的生存歷程和生活歷程都是被一種文化體現出來的。如長白山文化，它的鮮明特徵是森林文化，而森林文化中的一種重要的類別就是類似森林號子這樣的一種文化，這種文化是一種地域文化，又是一種非物質文化。

一、學規矩記號子

　　進抬木幫抬木頭，首先要過「規矩」關，而「摳石磨」只是頭一關。

　　規矩，就是「說道」。

　　在東北民間，森林裡抬木幫的「說道」十分殘酷和無情。首先，一個初進抬木幫的人要「聽別」。

聽別，就是「一盤肩」的人，要考驗你能不能經得住「壓力」，稱為「別」。這，是鍛鍊和考驗一個年輕木把的要命的過程。

聽別是這樣：抬木時，往往是八個人為一盤肩（大盤肩），其中又分成兩副肩（四個人一對），又分「大肩」「小肩」四對。

大肩為右肩，小肩為左肩，各四個。

大肩的人，手拿小槓，帶小悠（一人手裡要拿一件家什）。小肩是頭槓三槓，拿「把門」（一種中間粗、兩頭細的工具）；二槓、四槓拿掐勾。到木頭堆前，「刷」一下子閃開。槓子頭（號子頭）的號子一起：哈腰就掛拉嗎……

這時，大肩（右肩）的這副槓一搭勾，另一邊小肩（左邊）的人要立刻同時搭上，而且要立刻接號子。

當槓子頭的第二句號子一起「撐腰那麼起吧！」時，人家大肩要先起，你要微微後起一下，這叫「聽別」（又叫「吃別」）。

你慢起，這是大肩在考驗小肩能不能「聽別」，人品行不行，聽不聽師哥的話，守不守規矩，能不能吃苦、吃勁兒，等等。

如果你聽了，就說明你入行進規了；如果你吃不住勁兒，立刻走人。

其實，這是很危險的一種「實驗」。如果對方「一副肩」想害你，他在你「聽別」時，在搭木時只要把手裡的掐勾繩稍稍往你那頭竄一點點，號子頭號子一起，他一別，對方就會「哇」一口噴出血來，從此殘疾了（胸腔壓壞了）。但大多數一副肩，一是為了讓新來的人過關，同時也不讓你傷著。但如果你不仁性，沒有人緣，沒有眼力，就容易被人算計了。

一夥木幫抬木隊，就是一個整體。他們每天抬木、幹活，講究的就是比賽。因為幹得多，才能掙得多。大家必須團結，一條心。所以敢於入抬木手幫的人，都是好樣的。就這樣，任天元拚死過了第二關。

在山上抬木，吃飯不分，喝酒不分。

一人有酒，大家喝，幹活時要互相照應。試想，兩人抬木，如果「一副肩」心裡不對付，腰一起，我一頂，一副肩的另一個人立刻「開飛機」（就是

人身子向前一傾，倒了），這又叫「啃掐勾」。

兩個肩，必須團結。

比如「爬木頭堆」（歸楞），四個一盤肩都要互相照應。木頭，起來了（你太直腰了），前邊的兩人如果不想讓你「上」，就上不去。

但前邊的兩個人如果想「幫」後邊兩個人「一槓」，人家手一提楞繩，你上去就順了。

如果一個人，人性不好，大夥想治你，太容易了。大夥想治你，誰也不告訴你。在太陽快落山時，選幾根大木，或彎彎的木，你就不能按點上去，這樣，一天的工錢就沒有著落了。

靠著倔強的性格和窮苦的家庭背景，任天元從十四歲起，就成了地地道道的長白山森林裡的抬木手了。

木幫抬木，必須要會喊「號子」會聽「號子」。

會號子，一是「會聽」，二是「會喊」。

每一個木幫，必須會聽號子。在山裡，不會聽號子，是當不了一個木把的。

在深山老林裡伐木，首先要會聽山場號子。

山場號子，是伐木的人喊的號子，他是為了讓在山裡作業的人安全、吉祥，充滿了生存的意義。由於山上的樹長在山坡上，伐倒後，伐木人就喊上一聲：

順山倒──！

橫山倒──！

迎山倒──！

……

這種「號子」，稱為「喊山號」。是在提醒山上的人，伐木人或路過的人，

都要注意安全。

順山倒，是指大樹倒下時順著山的走向下來，這時，在山下側的人要注意了。橫山倒，是指大樹在山的平台上倒下，這是最危險的。因倒樹容易滾落傷人！而迎山倒，是指大樹正衝著山倒下，這時如果在山的高處的人，要注意了，別讓倒樹傷著你。

所以，山裡的「號子」，就是山林語言。一個不懂山林語言的人，是當不了木把，也進不了長白山老林的。

而抬木的號子，更是一個當木把的人必須要瞭解和掌握的知識。

抬木，全靠「號子」去指揮，一切「語言」，都變成了「號子歌」，不會唱和聽這首歌的人，就永遠當不了「木把」，更別談抬木運木了。

二、木把與號子

現在，人們明白了，森林，其實就是這樣被搬走的。抬木喊號，要有「號子頭」。

號子頭，又叫槓子頭，槓子頭又叫「哈啦嗨」。

這是因為喊號子的人每時每刻嘴裡都離不開「哈」「啦」「嗨」等等一些字眼。

哈，指人猛地出一口氣或喘一口氣。哈，又指「哈氣」。這往往指人自然地出氣呼氣的形態和表情，所以「哈」往往形象地比喻了號子頭的形象。

啦，往往是指人舌頭一捲髮出的最普通的音。啦，往往是人在反應一種感受時的最直接最快捷的音階。所以「啦」是人類生活中最為迅速、常用的音階。

嗨，與「哎」「咳」「嘿」等等相同。這往往是指一個人在受到外界的壓力有感而發時的最為直接的聲音。是指一口氣的突然猛烈地噴出。

而同時，嘿喇，咳呀，哎咳，哈啦，等等，這些雙重的語氣詞，正是抬木號子的核心音域，是東北長白山森林號子的主體語氣助詞，它往往通過自身的

獨特功能傳遞了生命的自然功能，也記載了北方山林生活和地域文化的鮮明特點。可見，號子，其實是人在勞動時自然「呼」出的「氣聲」。這就是原始的「歌」意。任天元說，號子是「攉人」的歌。這指抬木頭的時候。

人，一個生命，當一種重力壓下來，人必然喘粗氣。喘這種氣時發出什麼聲音呢？於是，號子就這樣產生了。號子分喊號和接號。

喊號，稱為「起號」。在抬木頭時，槓子頭（號子頭）先唱，稱為起號：

> 得嘟依喲嘿——！

大夥立刻接號：

> 一輩子沒有兒喲，
> 嘿嘟咕嚕啦——！

這時，跟的人要緊。號子都是「快攉」。攉什麼？都在攉木頭，催木頭。催促木頭，是指催人快些「走道」，運送木頭到達要運的地方。

任天元說，號子音階快與慢，是在「指揮」著抬木人的腳步快與慢。這都是為了幹活、運木。

號子，是人在勞動時自然發出的聲音，也是給人聽的。而人，是指對付木頭的人。所以，號子也是對著木頭來的。

號子，是發號施令的意思。

就比如其他地域的如川江號子、長江號子、黃河號子，都是發號施令。森林號子也是如此。

號子發出的彷彿是「令」，但這其中含有一種「技術指標」。所以森林號子既是文化，又是技術。

它指抬木頭的人要通過號子去指揮每一個人怎麼使勁兒，怎麼邁步，怎麼

走動。千百年了，森林號子是在歲月的磨洗中誕生、流傳、使用、成熟。於是，號子被人一代代地固定下來，形成了這種特殊的文化類別。

木頭瞪眼珠子了，這是抬木唱號的人常說的一句話。是說，你不抬，木頭起不來；而你不喊號，木頭走不了。木頭瞪眼珠子，是指人已經急了，快幹吧，快喊號吧，不然木頭不會自己走動。

號子音調的大小、粗細、長短，其實都和木頭有關。

任天元說，他來到這個木幫，先是當一般的小打，抬木頭，不久，他就練成了，當上了「槓子頭」，開始了喊號子的生涯。

那時，他所在的馬蹄窯隊上，有幾大號子王，什麼王景臣、王景華、劉老三、盧景庫，那號子喊得地道。他從他們身上和口中學來了不少號子的知識和絕活。

有時你一聽，槓子頭（號子頭）一開口，「聲」不一樣了，調不同了。你再一看，他的眼神也不一樣了。這時，其實是遇上不一樣的木頭了。

從前山大，樹的種類也多，也雜。那時，有的最粗的木頭像大立櫃那麼粗，人往跟前一站，沒（mò）腰深。咋掛勾？

有時，那木頭一頭粗，一頭小，咋掛勾？

有時，木頭是彎把的，咋掛勾？

有時，木頭帶大樹包，咋掛勾？

可是，只要一聽號子，抬的人就知道怎麼對付各種木頭了。

號子頭往往是精通山林樹木的能人。他往往用「眼光」來選木。他眼光一落，決定在哪兒下勾，怎麼搭勾。而這一切，都要由他迅速地做出判斷，並通過號子，把自己的意圖傳遞給弟兄們。

「深搭勾哪麼——！」

「嘿喲——！」

深搭勾，就是勾要搭准，掐穩。

這時，號子就變得多樣，味兒、調兒、語氣、音階，往往發生變化。

號子是一種語言。它是特殊的森林語言。特別是到那種「木頭瞪眼珠子」的時候，號子調就更出花樣了。

一般是，木頭粗又大時，號子王的號子調發沉、發重、發厚。音，有些低。大夥一聽這種「號子」，立刻也都謹慎起來，小心地選擇下勾的角度，互相的配合要快，得體，並互相關照……

當出現又彎、疙瘩節子又多的樹時，號子頭的號子調往往一高一低。一會兒高，一會兒低。稱為「花號」調。這是讓掛勾的人仔細去找好位置，別忙，看準。大夥一聽，也就明白了。

木頭直，粗細相當，是一條好木，這時號子頭的號子調平和、輕鬆、愉快。大夥也就像往常一樣「接號」了。這稱為「老順號」。

但是，一根木，從抬起到堆到大載堆，又叫「拿頂」，往往隨時會出現複雜的過程和意想不到的事情。這時，也全靠槓子頭用號子去「指揮」抬木。

比如，歸楞，需要上跳。

上跳，就是木頭越堆越高。為了能上去，要撐（搭）兩根木板（稱為跳板），抬木人要在它上面抬木上去。

人本來就沉，再加上木，就更沉。人一上去，木板就有角度了。這時，行話叫「木頭拉弓」了。

拉弓，是相當危險的。

木跳上，木板拉弓，木頭又放不下；人想停又不能停。怎麼辦？就得用「號」來催。

這種時候，大夥什麼也不說，什麼也不能想，只聽號子頭的號子唱，而且要一絲不苟地聽「號」指揮，不能有二心。

號子頭往往喊：

前拉後擁——！

嘿喲嘿嘿——！

不能蹲下——！

嘿喲嘿嘿——！

……

　　因為，一「拉弓」，有人「懸空」，他輕了，可是，如果他一蹲下，別的人可能因為木板在瞬間的彈起，把重量傳過來，就等於一下子要了別人的命……

　　所以，對於不聽「號」或不懂「號」的人，森林木幫把頭一定得嚴懲他，不管你是誰。

號子行的組織結構

一、領 檁

領檁，是這一行的主要人物。抬木頭，都得用一根「檁子」，所以他們的領頭人就叫領檁。領檁又叫檁子頭，或號子頭。因為這個頭除了具有領導者的能力外，就必須是號子的領唱者。

領檁人是靠號子來指揮大家的，俗稱「唱著說」。是指張口就是「號子」，就是「歌」的意思。

領檁的，又叫拿檁的。

每次抬木，抬哪根，檁子頭的檁子一落，別人要立刻明白他的意圖，俗稱撞檁。

抬木頭是動作和聲音相輔相成的工作。檁落歌起，檁到號到，差一分一毫也不行。而這種行為的「尺寸」，全靠號子頭──領檁人去唱著號子帶頭施行。

二、頭 檁

頭檁，是一夥抬木人中的頭一個人。

抬木分四個人、六個人、八個人等的檁子夥。每四個人稱為一夥，又叫「一盤肩」。也有兩個人稱「一盤肩」的。而無論幾盤肩，頭前的第一個人（右肩）都稱為頭檁。

世界上什麼都是「左」為大，就抬木頭是「右」為大。左為大的道理是人心臟在左，心是人生命的主導和主體；可是抬木不同。抬木頭時，頭前的兩個人「左右肩」中右肩那個人為「頭檁」。

三、二 檁

二槓，是這「一盤肩」頭一盤肩的第二個人，俗稱「二掐子」。

二掐子，是指第二道「掐勾」之意。是說這個人要操縱他手中的抬木工具——掐勾。

二槓是這一盤肩中最重要的位置。

他的位置決定了他抬的分量最重最沉。放木時，他先「蹲掐子」，鬆掐勾。

四、三　槓

三槓，是這「一盤肩」中可有可無的位置。

如果木頭小，就可以撤了這一槓。但如果木頭大，沒有它又不行。平時也叫三槓是「耍尾的」。可是他要隨時看著前頭行事，只要有眼力見兒就行。

五、耍尾的

四槓，又叫「耍尾」。

耍尾，又叫「甩尾」。是指一種長尾的動物尾巴會動會甩的意思。

而抬木頭的幫伙隊伍，幾個槓子一組合，恰恰像一條「龍」在運行，所以就有了「頭」和「尾」。

號子誕生的過程

其實在這時，我們對森林號子產生的形態，已有一個大致的輪廓了。

號子，是一種森林的歌，它是一種勞動歌。

這種歌調，是在抬木的勞動之中產生、發展、流傳，最終形成。而這種勞動，就指在森林中抬木、運木。

不像一個樂隊，它在演唱時要靠樂器來伴奏，奏出相應的樂曲。但是，森林號子要由勞動來完成，他們是拿著這些勞動的工具來完成創作和演示的。

那麼，唱號子時手持的工具都是什麼呢？

一、唱號子時的工具和用法

號子是在勞動中誕生的，在這種勞動中往往離不開的工具主要指那些抬木時用的工具。如大槓、小槓、把門、掐勾、小悠、繩索、刀鋸、跳板、卡凳，等等。

1. 掐勾

掐勾，是由一個繩套或鐵絲串掛著兩個鐵鉤的東西。鐵鉤有一定的彎度，用來搭掛木頭。

抬木時，掐勾掐住木身，上邊的套穿上「把門」，兩邊穿上小悠，就可穿槓了。

這種工具是號子手們不可缺少的。

2. 把門

把門，是一根長木。

這根長木，長一米二到一米五左右，主要看木本身的粗細而選定。此木兩頭細，中間寬。中間的寬處沖上有一個卡，是掛掐勾的位置。

兩邊也各有一個衝下的卡，是掛小悠的印。

小悠掛上，穿好木槓，便於「一副肩」來起槓。

3. 小悠

小悠，就是一種繩套。

往往一尺、一尺二或一尺五不等，主要是抬木人用來連接把門和小槓用的。

當把門的在掐勾上卡住木頭，人們立刻將木槓穿過小悠，然後在號子頭「哈腰掛」的號子歌聲中，將木頭抬起。

4. 撬勾

撬勾又叫卡勾。這是一根一米五左右的長木。一頭上鑲上一個卡勾，便於抬木人在歸攏木頭時使用。

在山坡和楞場上歸來，都得使用卡勾。

往往是大樹身體龐大，一下子卡在眾多木頭的堆縫裡，而要不動一動，抬的人就搭不上掐勾。於是抬木人就得用這個工具去轉動木頭。

5. 搬槓

搬槓，相當於撬棍。

這是那種長長的硬木圓棍，每當木頭不好移動時，就將木棍的一頭插進別的木頭縫裡，然後使勁兒搬動木棍，使其將要移動的木頭滾動。

在山上和木堆上，這種工具都是常用的號子用具。

6. 大掏

大掏，指大繩。

在山上，繩都叫掏，或套。大掏或大套，是指長在五十或一百米左右的大繩，粗繩子。

這種大掏，主要是在唱「拽大繩」號子時用的工具。拽大繩，是指將一根粗大的木頭用繩子攏上，然後眾多的人一邊唱著「拽大繩」號子一邊往上拽扯。

在木場上，常常有一些大木得靠用拽大繩的方式才能將它拉上跳，歸上

堆。

7. 小榿

小榿，是抬木的木把們必備的工具。

往往就是一根一米二三長的木榿，中間寬厚，兩頭細平、光滑，中間放著小悠。

每當把門帶掐勾搭住木頭，小榿就由小悠掛起，於是一盤肩便可以去抬了。

這個動作，是在號子頭「哈腰掛」的聲音中迅速完成的。

8. 卡凳

卡凳，是一種四條腿的長木凳。木腿分長短，這樣就決定了木凳的高矮。用來架跳板。

高的，是用來搭越來越高的木垛上的跳板。低的，是開始架時的跳板。

許多號子就是在卡凳架起的「跳」上完成的。

9. 墊肩

這是一塊長寬各三尺見方的白布，也有的是一條長布。用時要疊好，墊在抬木人的肩上。

由於它是和人肩上的皮肉接觸，所以稱「墊肩」。

這是木幫人的「夥計」。它又是一個抬木的木幫人生與死的見證啊。每一個木把的墊肩，往往是用木把的皮肉骨血來使它傳承下來，保留下去。是木把們的一部傷心的苦書。

二、號子的名稱

一首號子的誕生，完全是同勞動同時產生的。這個勞動，就指抬木頭。

在長白山的老林中，當人們要將木頭搬走運走時，如何對付這根上千斤重的大原木呢？於是，一首勞動號子就伴隨著它的運走而產生了。

1. 哈腰掛

任何木頭，都是在號子王「哈腰掛」的號子聲中被掐勾掐住而「抬」起來的。哈腰掛本來是「動作」，卻由號子的描寫而成了號子名稱。

在「哈腰掛」這句號子產生之前，木把們先要對準原木站好，接著，要把把門和掐勾對準了木身，只等號子王開口。

當一切準備好後，號子王的歌聲起了：

「哈──腰──那麼──掛──呀──」

這時，手拿把門和掐勾的大肩木把要在號子的催促下，迅速將掐勾掐在樹身上。這時，號子王歌的第二聲開始了。有人可能問，為什麼「哈腰掛」不用口去說，而選擇了唱呢？

其實，說和唱的最大不同是「氣」。唱著說，正符合重力壓在人肩上時的形態，這是人自然發出的呼聲。

同時，「唱」能減輕人的壓力，又能分散人的緊張心理。而「唱」出聲音同時能給人一種輕鬆和美妙的感覺。

2. 撐腰起

撐腰起，就是在掐勾掐好木頭後，在號子頭的歌聲中，抬的人要一起直起腰。

直起腰稱為「撐腰起」，這是很有科學道理的。

撐，是指人要手扶膝蓋，用勁地、迅速地直起腰。不能快，也不能慢。快與慢，全是在「號子」的指揮下完成。

號子頭在唱「撐腰起」這句號子時，完全是根據觀察和平時的經驗，大家沒準備好，他是不會唱這一句的。

接下來，第三句就開始了。

3. 往前走

掛好勾，又直起了腰，當然要走。

往哪兒走？往前走。

當然，有時也是往東走，往西走，往南走，往北走。而這句號子，也就是

根據不同的方向變化著。

他們只說往這幾個方位，這是吉祥的語言。

無論是往哪個方向移動，都是號子王通過號子來告知大家的。

號子一喊：

往前地走哇──

大家一合：

嘿哎喲嘿嘿──

於是，號子就這樣產生了，這根木頭，也就在號子美妙動聽的音調聲中，按人的意願行走了。

4. 上跳

抬木，最重要的階段往往是歸楞和上跳。

無論是歸楞還是上跳，都要走跳板。這時，號子就該豐富多彩了。

上跳，是最危險的時候。號子也要隨時地提醒大家注意前後左右。有什麼要交代的，號子王就把「話」編在號子裡傳給大家。

如走在跳上時，號子頭往往非常具體地「提醒」某某某「左邊的小心點」「嘿嘿哎喲──！」「右邊的留心點」「嘿嘿哎喲──！」這是「囑咐」類號子。

囑咐號子，是問和告知；接號的「嘿嘿哎喲」是回答。

這一問一答的號子裡，體現出號子王的機智和善良，是對每一個人的關心和愛護。

號子頭不在頭一槓，他往往在二一盤槓的頭一槓，這叫「察前觀後」。就是說前後的人他都能照顧得到。

他發出的「號」，誰不「接」也不行。

不接，不出聲，就是沒反應，沒聽到「指揮」，這是不行的。這樣會使槓了頭——號子頭不好發下一句「號」，因他不知你是否在他的指揮之下。

所以，不回號，他就會罵你，甚至打你。

5. 拿大頂

拿大頂，就是上木頭堆。

上木頭堆，這是最危險的時刻。腳下是打滑的原木，人肩上是千斤重的壓力，稍有不慎，便會「滾坡」，造成傷亡。

這時的號子會特別的響亮、清晰，「前頭翹哇——！」「嘿喲喲喲——！」「後頭往左擺呀——！」「嘿喲喲喲——！」

這是因為號子頭看見木堆有一根大木有個粗屁股，不高抬不過去。如此等等的號子，都是號子頭在指揮木把們科學作業，安全作業，直至大木在木堆上放好摘套為止。

摘套的一瞬間，才是木把們喘口舒心氣的時候，這時他們才敢於東張西望或想想事情……

一首森林號子的好與壞，長與短，簡單與豐富，完全取決於抬木過程。這個過程如果複雜，號子就豐富、多樣；如果從木頭抬到上堆上車的地方遠，中途要經過家屬區、集市、過道、人家等處，這時號子就有可能多樣化。因為槓子頭要時時提醒抬木的人要集中精力，還要指責那些在一旁看熱鬧說風涼話的人。要回擊他們，又不耽誤活計，於是，一首又一首風格不同的，內容多樣的號子就這樣產生了。

一首好的號子，完全是號子王的天才創作和藝術加工，是一種現實意義很強的民間文學作品。

號子的種類

長白山森林號子調律十分豐富，從前有「七腔九韻」和「九腔九韻」之說，還有「十八拐」（十八甩）之論。

甩，指號子「調」的音量變化走向，即向不同的方向「走」。

上甩，是音的收尾向上挑，意在起號人告訴大家往上使勁。如：哈腰地掛呀——哎——！這「哎」，往往是「上甩」。和一下句的「起」，共同起到往上用勁兒的作用。

下甩，是指音的收尾向下坐，意在起號人告訴大家往下使勁兒。如：輕輕地落吧——嘿——！這「嘿」有一種下坐下落的音律。屬於「下甩」。

前甩後甩、左甩右甩，都是號子的音在結尾處的重要的音律處理。通過音和調的變化，形成對勞動節奏的指導。

雙上甩和雙下甩，就更加複雜化和多樣化。「甩」使得長白山森林號子能在複雜的林業生產勞動中存在並發展。

長白山森林號子在久遠的存在歷程中創造出諸多有名的號子音律的代表作，如《老母豬哼哼》《老太太調》《蛤蟆調》《十八掛》，都是通過調律來指揮抬木、完善生產、豐富生活的。

《老母豬哼哼》調一起，大家都仰臉；《蛤蟆調》一起，大家都前一下後一下；而當《十八掛》一起，前後左右的人都低下了頭。

更有一些出名的號子，如《讚美人》《渡東海》（又叫《扯篷帆》）《娘娘車》《海子嗩吶》《口口甩》《英雄調》《好漢坡》（又稱《喊號子》，見富育光《東海沉冤錄》），使人感受到東北森林號子的豐富和久遠。

從前的大東北寒冷無比，大荒片子綠海茫茫沒人煙。可是抬木人「巴圖魯吉勒岡」（喊號的漢子）聲調一起，人人真情激盪，開進了深山老林。

長白山森林號子主要包括「風情號子」「歷史號子」「人物號子」和勞動

號子「串坡號子」「歸楞號子」「拽大繩」等等。

一、風情號子

風情號子是東北號子中很重要的一部分，它是屬於一種固定格調的「號子」，主要記敘了東北地域風情的一部分內容。這裡記載的是富育光老師從他的一些口述文本，如《東海沉冤錄》等中記下來的一些號子。有些只有調和名，沒有詞。

1.讚美人

C 4/4

$\dot{1}$ 66 56 | $\dot{1}$ 66 5 6 | $\dot{2}\dot{2}$ 56 $\dot{1}\dot{2}\dot{1}$ 656 | 6 — · — |

5 ·5 6$\dot{2}$ $\dot{1}$ | $\dot{1}$ 0 65 6$\dot{2}$ | $\dot{1}$32 232 343 2 $\dot{1}$ | $\dot{1}$ — 6 — |

6 — · — ‖

2.娘娘車

5 — — — | 5 — — 0 | 3 6 6 $\dot{1}$ | $\dot{1}$32 323 3 | 376 66 $\dot{1}$— |

16 0 61 0 | 6$\dot{1}$ 3—— | $\dot{2}$ — — — | 34 32 27 | 66 $\dot{1}$ — — |

6$\dot{1}$ 65 3$\dot{2}$ | 3 35 5 35 5 | 3$\dot{1}$ 3$\dot{2}$ 5 7 | 6 — — — |

6$\dot{1}$ $\dot{1}$ 57 6 | 76 7$\dot{1}$ 5 7 | 6 — — — | (唉)

$\dot{2}\dot{2}$ 2$\dot{3}\dot{2}$ $\dot{1}$7$\dot{1}\dot{2}$ 7676 | 3$\dot{1}$ 57 66 2$\dot{3}$ | $\dot{2}$ $\dot{2}$ $\dot{1}$— | $\dot{1}$ —·— ‖

3.海子嗩吶

C 2/4

‖: 66 63 | 2 — | 66 63 | 2 2 | 2̇11 2̇7 | 2̇7 66 | 6 3 |

5 — | 5 — | 5 — :‖

二、歷史號子

　　這是一部分十分珍貴的號子類別。有許多歷史號子是隱藏在一些古籍和民間文學、民俗學者的口述記錄之中。它們生動、逼真，有很重要的歷史價值和文化價值。

1.趕海謠

C 2/4

5 ·6 | i 2̇ | 3̇ · 5̇ | 2̇ — | 2̇ — | 3̇ · 5̇ | i 6 | 2̇ — | 2̇ — | 2̇ 0 |

33 32 | i 2 | 3̇ — | 3̇ — | 3̇ 0 | 33 32 | i1 6 | 22 6 | i 77 | 6 — |

6 — ‖

2.渡東海（東海山林號子）

　　（又名「扯篷帆」）

　　東海山林號子，悠繞、抒情、奔放

C 4/4

5 66 — — | 66 — — — | i 66 i 66 | 6532 6532 2 — |
葛嘿喲

2 — | 3 — i — | 1121 — 211 211 | 2321 2̇ — | 2̇ — — — |

5̇ — — 6̇ | 6̇ — — — ‖

3. 英雄調——巴圖魯勒號子

（又稱喊號子）

嘿，喲——喲——喲——！

哎嗨喲——喲——喲——！

嗨嗨喲——喲——喲——！

喲——喲——喲——！

嘿，嘿哎，嘿喲——喲——喲——！

嘿嘿哎嗨喲喲——喲——喲——！

哎嗨，嘿嘿喲——喲——喲——

喲——喲——喲——

喲——喲——喲——

嘿——喲——

嘿——喲——

嘿——喲——

4. 趕海謠

大楊樹硬軲轆鑿出的船，

亮花花軟布連成的帆。

長鬃快馬大輪車，

活吱啦把船馱進大海灣。

鹿角號嗚嗚叫呀，

鹿皮鼓咚咚響呀，

趕海祭歌聲震天。

白鬢額娘，沙裡甘，

剛冒話的孩兒抱懷間。

瑪發們送行語纏綿：

「南海路，浪萬千，

鯨魚嘴，鬼門山。」

勤要瞪圓豹子眼，

兩手扯牢小篷帆。

叉海參，抓盆蟹，

撐海菜，網蝦鰻。

到秋紅葉別貪戀，

順順安安早回還。

這首號子口述者是穆郎氏，採錄者是鐵常山、富育光，一九八三年三月採錄於哈達門鄉。

這首號子長期在吉林省琿春的滿族人中流傳。它是早年清代到沿海的蘇城溝、海參崴一帶跑南海時的漁獵生活民歌。詞意生動，曲調優美，為世代所傳詠。一八六〇年後，沿海一帶雖劃入俄國版圖，民歌民謠仍流傳不衰。這首號子歌謠原系用滿語詠唱。充滿濃厚的趕海生活氣息和民俗學價值。

5. 南海號子最中聽

撐海菜，叉海參，

南海號子最中聽。

聲聲發自哈哈們的口，

句句印入格格們的心。

東南風呀，扯滿帆，

出海快船一溜煙。

槳劃齊，舵拿穩，

膀靠膀，肩靠肩，

哪怕凶浪頂天罩，

趕海哈哈抖精神。

琿春小米香噴噴，

千里美名傳蘇城。

魚皮韃子親兄弟，

換回魚鹽大海參。

　　這首號子口述者是郎景義，採錄者是富育光，一九八四年七月十九日採錄
於哈達門鄉。

6. 跑南海

東南風來，哎嗨，

西北浪來，哎嗨，

出南海呀，哎嗨，

過山岡啊，哎嗨。

紅白淨子來，哎嗨，

豹子眼來，哎嗨，

白汗褟呀，哎嗨，

大布衫啊，哎嗨。

扯起篷來，哎嗨，

掄起樂來，哎嗨，

肩靠肩呀，哎嗨，

膀靠膀呀，哎嗨。

獲豐收來，哎嗨，

祭祖奉來，哎嗨，

吉祥如意，哎嗨，

太平年啊，哎嗨。

東道走來，哎嗨，

西道往來，哎嗨，

海參崴呀，哎嗨，

撒大網啊，哎嗨。

打好魚來，哎嗨，

大馬哈來，哎嗨

叉海參呀，哎嗨，

撑海帶啊，哎嗨。

鸚嘴靰鞡，哎嗨，

腳上拴來，哎嗨，

翻山越嶺，哎嗨，

把家還啊，哎嗨。

這首號子口述者是穆朗氏、郎景義，採錄者是石光偉，一九八〇年採錄於土門崗。

這是一首古老的滿族漁獵民歌，一八六〇年以後仍然流傳於圖們江口至海參崴沿海一帶。

三、人物號子

1. 巴圖魯古勒號子

巴圖魯號子一出口喲，

東海人往昔的歲月蹉跎勾上了心頭。

大荒片子綠海茫茫沒人煙喲，

趕海的尼亞勒瑪（人）哪，

你可要找那藤蒿榛莽裡的古道印轍；

窩集排子碧浪濤濤遮雲日喲，

你可要照準老先人留下的鑿灼「毛格」（照頭）。

大柈子籠火的「穿地龍」土壤馬架子喲，

活像漂在綠海中熱氣騰騰的巨舟。

聽烏勒本的尼亞勒瑪哪，

我說書人朱伯亞西喲，是趕海的搖槳人哪。

像早年坐上槽子船，

隨我去拜謁爺爺的「奧木拖克索」（海屯，海寨）。

記憶是和煦的海風啊，

鼓樂是鍋霍特的螺號。

扯滿歲月的航帆哪，

劃喲，劃喲，

嘿喲，嘿喲，劃喲，

布魯昆神鳥為我引路啊，

捷如電掣，

駭浪難遇。

我們重又回到了東海遠祖樺皮巢樓，

男嫁女家那婚車羽舍。

一個個東海兒女喲，

冬塗魚油，身著貂裘珠珞，

夏體赤裸，腰圍草條遮羞。

手彈鬃琴，夜伴篝火唱情歌。

薩滿奶奶敲擊著熊皮老鼓，

血族仇殺，傳頌著悲怨和狂樂。

遙遠遙遠的過去呵，

東海的沉浮，

東海的拚搏……

2. 雅魯順（說部開篇引唱墊話）

格靈媽媽瑪發（各位奶奶爺爺）

格靈阿古阿沙（各位阿哥阿嫂）

哈哈濟，沙裡甘居（小小子兒，姑娘們）

按輩分擠坐熱炕上吧，別嚷也別鬧

讓聖潔的西上屋鴉雀無聲

哈拉器打起了，口絃琴彈起來了

安心叫我朱伯西（說書人）唱講烏勒本。

迎神年期香點燃啦

迎神的哈拉器、神歌從神匣請出來啦

供桌上方盤裡肥魚山果獻上啦

銅鑄的大環哈勒瑪刀

穆昆瑪發雙手授予了我——這是「烏勒本」開唱的古老禮節。

我跪叩，手捧神刀，嘩楞楞，嘩楞楞，天降神兵來護場

眾族親要洗身躬聽

祖先神靈降臨祖堂，同兒孫歡樂共享

神聖的時刻，莊嚴的囑託。

祖先神靈給我們意志，

祖先神靈給我們鼓號，

我代表祖先的音容，我代表祖先的步履，

追溯數百年前的滄桑。

用我甘美的咽喉

用我才藝的情態，

神祖賜予金口銀齒，

口若清泉源遠流長。

滿室年期香馨芳

窗外是明月星光

我為闔族講唱

東海——

魑魅魍魎，

聖哲賢將。

落花生根，

拓土開疆。

先人偉業，

永誌勿忘。

我心潮澎湃，氣宇軒昂。

願我的激情，

不會令你睏倦。

化生拼爭火花，

永不知氣餒的希望。

守成不足傲，

建樹當自強。

東海明朝，

世代輝煌。

四、串坡號子

長白山森林號子主要包括「串坡號子」「歸楞號子」「上跳號子」「拽大繩」

等等。

「串坡號子」主要是在山場子上（伐點）把伐倒的大樹歸到爬犁道上時唱的號子。這類號子在深山老林的雪原裡進行。

山裡孤寂無人，處處是山澗和陡坡。《串坡號子》充滿了「提醒」性。指揮眾人注意腳下的樹根山石，以免絆倒傷人或滑坡。是一種完全勞動性的形式特點。

1. 哈腰掛

領：哈腰掛來

合：嗨——

領：哎哎嘿——

合：嗨——

領：哈腰就掛上了

合：嗨——

領：哎嗨喲吼——哎嗨

合：嗨——嗯哈嗯哈——嗨

領：往前走吧

合：嗯哈嗯哈——嗨

領：哎——嗨

合：嗯哈嗯哈——嗨

領：哎嗨喲吼

合：嗯哈嗯哈——嗨

領：往前走來吧

合：嗯哈嗯哈——嗨

領：哎嗨——哎嗨

合：嗨嗨——嗨——嗨嗨

領：上來啦──哎嗨

合：嗨──哎嗨

2. 哈腰掛

1=F

♩ = 60

$\frac{1}{4}$ X 0 | $\frac{2}{4}$ 2 55 56 | $\frac{1}{4}$ X 0 | $\frac{2}{4}$ 6 6i 5 6i | $\frac{1}{4}$ X 0 | $\frac{2}{4}$ 5 55 66 |

$\frac{1}{4}$ 55 | $\frac{2}{4}$ 0 0 | $\frac{1}{4}$ 55 | $\frac{2}{4}$ 0 0 | $\frac{1}{4}$ 55 | $\frac{2}{4}$ 0 0 |

$\frac{1}{4}$ X 0 | $\frac{2}{4}$ 2 0 55 6 5 i | $\frac{1}{4}$ X 0 | $\frac{2}{4}$ 6 i6 66 | $\frac{1}{4}$ X 0 |

$\frac{1}{4}$ 55 | $\frac{2}{4}$ 0 0 | $\frac{1}{4}$ {i i / 55} | $\frac{2}{4}$ 0 0 | $\frac{1}{4}$ 5 5 |

$\frac{2}{4}$ 6·i35 6 5 6 | $\frac{1}{4}$ X 0 | $\frac{2}{4}$ 6 76 65 | $\frac{1}{4}$ X 0 | $\frac{2}{4}$ 205 656 |

$\frac{2}{4}$ 0 0 | $\frac{1}{4}$ 55 | $\frac{2}{4}$ 0 0 | $\frac{1}{4}$ 55 | $\frac{2}{4}$ 0 0 |

$\frac{1}{4}$ X 0 | $\frac{2}{4}$ 5 65 6i 6i | $\frac{1}{4}$ X 0 | $\frac{2}{4}$ 205 5 XX | $\frac{1}{4}$ 0 |

$\frac{1}{4}$ 55 | $\frac{2}{4}$ 0 0 | $\frac{1}{4}$ 55 | $\frac{2}{4}$ 0 0 | $\frac{1}{4}$ {i i / X} |

領：哈腰掛吧——嘿

合：嘿——

領：嘿（那個）哈腰——嘿

合：嘿嘿——

領：哈了個（的）腰來

合：嘿——

領：嘿——

合：嘿嘿——

領：哈（那個）腰吧——嘿——

合：嘿——嘿嘿——

領：往前走哇——嘿——

合：嘿嘿——

領：外呀的走哇——嘿——

合：嘿嘿——

領：往前的走（的）著——嘿——

合：嘿嘿——

領：走了過（的）來了——嘿——

合：嘿嘿——

領：哎我個來嘿——嘿——

合：嘿嘿——

領：外呀的嘿嘿——嘿——

合：嘿嘿——

領：哎呀的走哇——嘿——

合：嘿——嘿嘿——

領：走了過（的）來的——嘿——

合：嘿——嘿嘿——

領：哎呀的這一回

合：嘿嘿——

領：這個一（的）回呀——嘿——

合：嘿嘿——

領：管他（的）那一回——嘿——

合：嘿嘿——

領：那（了）一（的）回吧——嘿——

合：嘿嘿——

領：管他（的）那一回——嘿——

合：嘿嘿——

領：累得個夠嗆——嘿——

合：嘿嘿——

領：啊那個壓的呀——嘿——

合：嘿嘿——

領：哎（那個）走囉——嘿——

合：嘿嘿——

領：哎（那個）推著走——嘿——

合：嘿嘿——

領：啊（那個）推推——嘿——

合：嘿嘿——

領：推了過的走著——嘿——

合：嘿嘿——

領：啊那來吧——嘿——

合：嘿嘿——

領：往前來了——嘿——

合：嘿嘿——

領：嘿（那個）來呀——嘿——

合：嘿嘿——

領：來（那個）哈腰

合：哈腰嘿——

這首號子是臨江林業局工人演唱，採錄者是徐國清，記錄者是張淑霞。

3. 挺起腰

$1=$ ♭E

♩ = 60

領：哈腰掛來——吼嗨——嘿嗨——

合：嗨——嗨——嗨——

領：挺起腰來——往前走吧——哎——嗨嗨——

合1：嗨——嗨——哈哈——哈嗨

合2：嗨——嗯唧啦嗯嗨

領：吼——嗨——哎——上來吧。

合1：哈哈——哈——嗨——哈哈——哈——嗨

合2：嗯唧啦嗯——嗨——嗯唧啦嗯——嗨——

4. 前後貓腰號

$1 = {}^{\#}C$

♩ = 60~104

領｜...（前後貓腰號樂譜）

和｜...

領：哈腰掛來

合：哎嗨！

領：哎嘿嘿嘿啦

合：哎嗨！

領：大家就準備好

　　合：哎嗨！

領：前後就貓啦腰

　　合：哎嗨！

領：掌（啊）起來腰（啊）來

　　合：哎嗨！

領：前後就注（啦）意

　　合：哎嗨！

領：哎嘿啦嘿啦

　　合：哎嗨！

領：往前（啦）走（啦）去

　　合：哎嗨！

領：哎嘿嘿嘿

　　合：哎嗨！

領：哎上來

　　合：哎嘿！

領：哎嘿嘿嘿

　　合：哎嘿！

領：哎好（啦麼）好

　　合：嘿！

這首號子是柳毛河林場工人集體唱的，記錄者是王冠群。

5. 往前走吧號

1=♭E

♩ = 72

領 | 2/4 i i 6 5 | 1/4 0 | 2/4 2̇ 6 | 1/4 0↑4 | 2/4 6 6 5 6 | 1/4 0↑4 |

和 | 2/4 0 0 | 1/4 5̌↘ | 2/4 #5̌ 6 0 | 1/4 5̌↘ | 2/4 0 0 | 1/4 5̌↘ |

| 2/4 6 6 6 5 6 | 1/4 0↑4 | 2/4 2̇ 6↘ | 1/4 0↑4 | 2/4 3 6 6 | 1/4 0↑4 |

| 2/4 0 0 | 1/4 5̌↘ | 2/4 0 0 0 | 1/4 5̌↘ | 2/4 0 0 | 1/4 5̌↘ |

領：哈腰掛來——

合：哎嗨！

領：哎——嗨——

合：嗨！

領：哈——挺起腰來——

合：嗨！

領：哈——往前（來）走吧——

合：嗨！

領：哈——哎嗨——

合：嗨！

領：哈——嗯——哎嗨

合：嗨！

領：哈——這就弟兄們啦

合：嗨！

領：哈——向前（啦）走吧

合：嗨！

領：哈——喲吼——

合：嗨！

領：哈——哎嗯哈哈

合：嗨！

領：哈——這就上來了啦

合：嗨！

領：哎嗨嗨嗨

合：嗨！

這首號子是柳河貯木場工人集體演唱的，記錄者是王冠群。

6.搭肩歌

一個的端哪，

咳喲的咳喲！

儘管鑽哪，

咳喲的咳呀！

再來個端哪，

咳喲的咳喲！

猛勁兒端哪，

咳喲的咳喲！

你快點鑽吧，

咳喲的咳呀！

這首號子口述者是關張氏，採錄者是關銘文。一九八四年四月採錄於白山三岔子。

這是木把們抬木頭時為了步伐整齊、使勻力氣時唱的歌謠，與《木把號子》形式相同。

7. 鬆口氣（原名木把號子）

哈腰起呀，

咳——！

步要齊呀，

咳——！

慢慢走呀，

咳——！

別著急呀，

咳——！

一步兩步，

咳——！

連環步呀，

咳——！

三步四步，

咳——！

躲點泥呀，

咳——！

五步六步，

咳——！

梅花瓣呀，

咳——！

七步八步，

咳——！

腰挺直呀，

咳——！

九步十步，

咳——！

正來勁呀，

咳——！

前邊來個，

咳——！

戴花的呀，

咳——！

大眼睛呀，

咳——！

柳葉眉呀，

咳——！

櫻桃小嘴，

咳——！

笑嘻嘻呀，

咳——！

倆酒窩，

咳——！

一邊大呀，

咳——！

可惜大姐，

咳——！

是人家的，

咳——！

貓咬吹泡，

咳——！

空歡喜呀，

咳——！

前邊拐拐，

咳——！

後邊甩甩，

咳——！

到一站呀，

咳——！

鬆口氣呀，

咳——！

哎咳咳咳，

哎咳咳咳。

　　這首號子口述者是趙友志，採尋者是梁之。一九八四年五月採錄於撫松縣兩江口。

8. 樂呵號子（自豪歌）

十四個人哪，嘿，嘿——嘿——嘿

仨楞場那麼，嘿，嘿——嘿——嘿

分兩伙呀哈，嘿，嘿——嘿——嘿

六和八呀，嘿，嘿——嘿——嘿

六個的硬啊，嘿，嘿——嘿——嘿

硬雜木啊，嘿，嘿——嘿——嘿

八個的大呀，嘿，嘿——嘿——嘿

盡大個來嗎，嘿，嘿——嘿——嘿

海個兒的靠啊，嘿，嘿——嘿——嘿

勻溜個的上啊，嘿，嘿——嘿——嘿

加油幹那麼，嘿，嘿——嘿——嘿

幹完了那麼，嘿，嘿——嘿——嘿

再合一呀嗎，嘿，嘿——嘿——嘿

弟兄們哪，嘿，嘿——嘿——嘿

多辛苦那麼，嘿，嘿——嘿——嘿

多流汗那麼，嘿，嘿——嘿——嘿

使勁兒幹那麼，嘿，嘿——嘿——嘿

五、歸楞號子

1. 歸楞號子

1=F

$\frac{2}{4}$ 自由 ... $\mathbf{J}=96$

前後就掛好鉤啦，

——嘿呀！

前後鉤就逛蕩逛蕩，

——嘿呀！

站穩了腳跟，

——嘿呀！

撐腰起呀，

——嘿呀！

挺直了腰板兒，

——嘿呀！

摳緊了槓子頭兒，

——嘿呀！

看準了腳步，

——嘿呀！

留神腳下，

——嘿呀！

往前走哇，

——嘿呀！

穩穩當當，

——嘿呀！

人心齊呀，

——嘿呀！

泰山移呀，

——嘿呀！

加把勁兒啦，

——嘿呀！

憋口氣兒啦，

——嘿呀！

前後看準，

嘿呀，撂！

這首號子口述者是齊德才，採錄者是傅明忠，一九八四年六月十五日採錄於公主嶺。

2. 挖檁號

<blockquote>

領：嘿咿喲呔大家準備好

合：哎嘿喲呔準備好

領：注意那安全別叫它碰著

合：哎嘿喲呔別叫它碰著

領：嘿咿喲呔大家搬個吊

合：哎嘿喲呔大家搬個吊

領：挖檁搬吊刨勾捅著

合：哎咿喲呔刨勾捅著

領：小頭等著大頭上一號

合：哎嗨喲呔上一號

領：嘿嘿喲還得搬個吊

合：哎嗨喲呔搬個吊

領：小心啊慢著那上這個大土壤

合：哎嘿喲呔哎嘿喲

領：再來一號它就下去了

合：哎嘿喲呔哎嘿喲

</blockquote>

這首號子是柳毛河林場工人集體唱的，記錄者是王冠群。

挖檁號是在裝車時唱的號子，有時為了幹活緊，領號從接號的第二或第三拍接號。也稱「歸楞號子」。

3. 蘑菇頭號

領：噢咿！

合：噢咿！

領：挺腰啊！

合：噢咿！

領：前走啊！

合：哈呀個哈呀個嘿呀，哈呀個哈呀個嘿呀，哈呀個哈呀個嘿呀！

領：裡口啊！

合：哈呀個哈呀個嘿呀！

領：哈腰吧！

合：嘿！

4. 木工號子

咳喲號──　　哈腰掛了麼，

咳喲。　　　挺起腰了麼，

哎咳，　　　邁齊步了麼，

咳喲！　　　勁使勻哪，

咳喲！　　　往前走哇，

咳喲！　　　看到紅娘，

咳喲！　　　心要純哪，

咳喲！　　　情要穩哪，

咳喲！　　　神保平安，

咳喲！　　　諸位哥們，

咳喲！　　　跳上走哇，

咳喲！　　　腳放准哪，

咳喲！　　上了楞啊，

咳喲！　　站住腳哇，

咳喲！　　好！放！

　　這首號子是木幫歸楞的勞動號。「紅娘」，是觸景生情，凡見女性都如此稱呼。講述者是王江，劉賢採錄。

5. 往前走木頭歌

我說梁山幫啊，

嘿喲嘿呀

三十多號人哪，

嘿喲嘿呀

拔不出硬寶肩呀，

嘿喲嘿呀

就數著藍毛行啊，

嘿喲嘿呀

差點兒就啃卡鉤啊，

嘿喲嘿呀

還有那大力神哪，

嘿喲嘿呀

快拿壓腳蹬啊，

嘿喲嘿呀

前邊的刨鉤走啊，

嘿喲嘿呀

後邊打使勁兒蹬啊，

嘿喲嘿呀

大家齊用力呀，

　　嘿喲嘿呀

再來個鉚消消啊，

　　嘿喲嘿呀

一下子就頂到根呀，

　　嘿喲嘿呀

六、拽大繩號子

1. 拉大繩

1 = F

♩ = 48

領：噢咿！噢吼起來吧，

　　合：嗯啊來吧！

領：噢咿過了來吧，

　　合：唉嗯啊來吧！

領：噢咿上個那頭吧，

　　合：噢咿啊來吧！

領：噢咿到了地方嘍，

　　合：嗯咿來吧！

這首號子是白山市（原渾江市）三岔子貯木場徐玉才演唱的，記錄者是王冠群。

2. 拽大繩號

```
領  2/4  3  2 2 | ⅜ 2 1  1 | 0  0 | 0  0 | 3  2 2 | 2 1  1̂6 |
和  2/4  0  0 | 0  0 | 2  3̂6 | 3̂2  1 | 0  0 | 0  0 |

     0  0 | 0  0 | 3 2 2 2 | 2 1  1̂6 | 0  0 | 0  0 |

     2  3̂6 | 3̂2  1 | 0  0 | 0  0 | 2  3̂6 | 3̂2  1 |

     3  2 2 | 2 1  1̂6 | 0  0 | 0  0 | 3  2 2 | ⅜ 2 1  1̂6 |

     0  0 | 0  0 | 2  3̂6 | 3̂2  1 | 0  6 | 0  0 |

     0  0 | 0  0 | 3  2 2 | 2 1  1̂6 | 0  0 | 0  0 ‖

     2  3̂6 | 3̂2  1 | 0  0 | 0  0 | 2  3̂6 | 3̂2  1 ‖
```

領：噢起來拽吧

合：哼嗨來喲

領：哎抓著你那頭

合：哼嗨來喲

領：哎哥幾個拽吧

合：哼嗨來喲

領：合起來拽呀

合：哼嗨來喲

領：哥幾個拽呀

合：哼嗨來喲

領：哎上上你那頭

合：哼嗨來喲

　　這首號子是吉林市搬運公司曹鳳來等演唱的，採錄者是羅林、陳銀河，記錄者是王娜。

　　拽大繩號子是指把大木材從高高的垛上往下拉或往上拉時喊的號子。

七、卸車號子

1. 卸車號子

1= ♭A

♩ = 60

領：哎——哎哎——

　　合：嘿嘿

領：一個個拽來吧

　　合：嘿——

領：好大的傢伙

　　合：嘿——

領：你要使勁拽來

　　合：嘿——

領：千萬可別丟了——哎

　　合：嘿——

領：千萬個拽呀

　　合：嘿——

領：一個不動彈呀

　　合：嘿——

領：再來個二號哇

　　合：嘿——

領：千萬個注意了

　　合：嘿——

領：咱們那個拽來——哎

　　合：嘿——嘿——

　　這首號子是鄒盛恩演唱的，採錄者是羅林、陳銀河，記錄者是王娜。

2. 裝火車

哈腰就掛唄，嘿，嘿——嘿——嘿

掌腰就起來嘛，嘿，嘿——嘿——嘿

挺起個腰桿兒，嘿，嘿——嘿——嘿

往前走來嘛，嘿，嘿——嘿——嘿

上山岡啊，嘿，嘿——嘿——嘿

前送勁兒嘛，嘿，嘿——嘿——嘿

盯住步啊，嘿，嘿——嘿——嘿

後貓腰啊，嘿，嘿——嘿——嘿

二槓上啊，嘿，嘿——嘿——嘿

後邊兒送勁兒，嘿，嘿——嘿——嘿

都上來了，嘿，嘿——嘿——嘿

穩住步啊，嘿，嘿——嘿——嘿

大肩就邊股，嘿，嘿——嘿——嘿

哈腰就撂下，嘿，嘿——嘿——嘿

這是溫泉在三岔子蒐集的抬木歌謠。

3. 端木頭號

領：嗨喲把它端哎

合：高高地端哎

領：大家一塊端哎

合：一塊端哎

領：再來下一根哎

合：高高地端哎

領：一塊往外扔哎

合：一塊扔哎

這首號子是鄒盛恩演唱的，採錄者是羅林、陳銀河，記錄者王娜。

卸車時，大木頭用大繩拽，四五米長的木頭，不必用繩拽，不必人來端，四五個人一根，由車上往下扔。

　　「端木頭號」就是在這種情況下喊的號子。

八、起重號子

1. 起重拽號

1 = C

♩ = 60

領：來──拽來

合：嘿喲

領：哈腰那個拽的了外

合：嘿喲

領：這就拽起來了外

合：嘿喲

領：大傢伙都接號了外

合：嘿喲

領：接號幹有力量了外

合：嘿喲

這首號子是舒蘭礦務局運木場工人劉克志演唱的，記錄者是王娜。

「起重拽號」，是煤礦工人在井下搬重東西時唱的號子。

2. 重運號

1 = F

♩ = 80

領：哎嘿嘿

合：嘿喲！

領：哎大家都起來呀

合：嘿呀！

領：諸位老哥們兒啊

合：嘿呀！

領：咱們拉起來呀

合：嘿呀！

領：拽拽的拽吧

合：嘿呀！

領：大家辛苦的了喂

合：嘿呀！

這首號子是營城煤礦工人演唱的，記錄者是趙云程、王冠群。

九、其他類號子

1. 轆木頭號

1 = B

♩ = 80

領：來個個兒來

合：嘿！

領：一塊個摳來

合：嘿！

領：撬（外）個撬來

合：嘿！

領：要扳鉤來扳來

合：嘿！

領：壓角子摳哇

合：嘿！

領：千萬個小心哪

合：嘿！

這首號子是舒蘭礦務局木場工人鄒盛恩演唱的，採錄者是羅林、陳銀河，記錄者是王娜。

木頭大，沒法抬，或放的地方不好掛鉤，用槓子軲轆時唱的號子。

2. 哥們號

大小肩，嘿呦

前後槓，嘿呦

搬勾壓腳子，嘿呦

都一樣啊，嘿呦

這是抬木人老孫頭唱的號子。

3. 撈木頭謠

哈腰就撈哇，嘿，嘿——嘿——嘿

還是個撈哇，嘿，嘿——嘿——嘿

縮小扣啊，嘿，嘿——嘿——嘿

再來個撈哇，嘿，嘿——嘿——嘿

還是撈哇，嘿，嘿——嘿——嘿

蹺腳撈哇，嘿，嘿——嘿——嘿

再來一點嘛，嘿，嘿——嘿——嘿

好了個好啊，嘿，嘿——嘿——嘿

4. 吃砸巴地

大小肩，前後槓，刨鉤壓腳哪一樣，

誰不服勁兒，來，較量！較量！

被人看不起的「抬木人」稱「吃砸巴地的」。但他們自己不這樣看。說明他們抬木人也認為自己有能耐，是真正的漢子。

5. 抬輕木頭號

　　　　　　　　領：哈腰掛來

　　　　　　　　合：嘿——

　　　　　　　　領：喲吼

　　　　　　　　合：嘿——

　　　　　　　　領：喲吼

　　　　　　　　合：嘿——

　　　　　　　　領：喲吼

　　　　　　　合：吼吼嘿吼，嘿

　　　　　　　　領：喲吼

　　　　　　合：吼吼嘿吼，嘿，嘿

6. 拆垛（木把趕河號子）

　　　　　　　　領：浪裡滾喲！

　　　　　　　　眾：水裡跳喲！

　　　　　　　領：木垛插得高喲！

　　　　　　　眾：咱們不怕高呀！

　　　　　　　　領：用勁拆喲！

　　　　　　　　眾：嘿喲呵！

　　　　　　　　領；搬得好喲！

　　　　　　　　眾：嘿喲呵！

　　　　　　　　領：刨鉤撈喲！

　　　　　　　　眾：嘿呵！

領：大頭拽喲！

眾，嘿呵！

領：上山能捉虎喲！

眾：嗨喲呵嗨喲！

領：水裡敢鬥蛟喲！

眾：嗨喲呵嗨喲！

領：大山咱推倒喲！

眾：唉嗨喲呵——

領：浪頭咱趕跑喲！

眾：唉嗨喲呵——

領：木垛拆開了嘍！

眾：唉嗨喲呵呵——

領：上沿歇息了嘍！

眾：鴨子水上漂嘍——

這首號子口述者是張姜氏，採錄者是張平，一九八四年採錄於十二道溝。

趕河，指木把們把山裡的圓木通過溝溝岔岔放到江邊，準備穿排流放。這種集中木材法叫「趕河」，民間叫「放散羊」。

7. **轆木頭號**

領：鲇轆過來的

合：了——

領：還得（那個）鲇轆的

合：了——

領：還得鲇轆的

合：了——

領：這麼大的傢伙

合：了——

領：真夠嗆啦

合：了——

領：老哥幾個

合：了——

領：這回（那個）辛苦的

合：了——

領：辛苦的呀

合：了——

領：還得（那個）使勁

合：了——

領：又提上勁哪

合：了——

領：看看這來的

合：了——

領：過來（那個）完成

合：了——

領：完（了）成的

合：了——

領：看看過來的

合：了——

領：摞起了大堆

合：了——

領：軲轆過來了。

合：了——

這首號子是營城煤礦工人唱的，記錄者是趙云程、王冠群。

8. 抓小辮兒

領：哈腰幹哪

合：嘿喲——嘿喲——嘿喲

領：抓小辮呀

合：嘿喲——嘿喲——嘿喲

領：你真好看哪

合：嘿喲——嘿喲——嘿喲

領：咱別貪戀哪

合：嘿喲——嘿喲——嘿喲

領：迎風站哪

合：嘿喲——嘿喲——嘿喲

領：咱是好漢哪

合：嘿喲——嘿喲——嘿喲

領：誰邁不動步呀

合：嘿喲——嘿喲——嘿喲

領：最操蛋哪

合：嘿喲——嘿喲——嘿喲

還有一些如《二狗子老婆》《老把頭》《倚門框》等，是抬木工人對他們憎恨的人物，如二狗子、監工、漢奸等人物進行輕蔑和咒罵的號子，也很豐富和普遍。

▍森林號子的價值

　　長白山森林號子是這一帶老林子裡從事伐木工種的工人在抬木、運木時唱的一種歌謠，我們稱之為長白山森林「號子」。

　　長白山是東北亞地區的最高峰，特別是在吉林省境內東部森林覆蓋面積在全省地區的百分之八十五以上。從前採伐工人伐下的大樹，全靠「木幫」們抬到爬犁道上由爬犁套運下，再歸楞、穿排、外運。這一切行動都要唱著號子來完成。

　　號子是人在抬木時自然發出的呼聲。由抬木人的領頭人「槓子頭」（又叫號子頭）來「領唱」，其餘的人「接唱」（又叫接號），便於抬木行走邁步整齊，使木頭悠起來，從而平分壓力，運走木頭。自從有了森林和採伐，森林號子就沒有停止過，千百年來它活在吉林省的長白山森林裡。

　　可是近些年來，由於森林處於停採保護階段，而且機械化的運木歸楞可以靠貯木場吊車去運木，這使得抬木的活動越來越少，於是這種森林號子就越來越少。加上從前會唱這種號子的老伐木者正在漸漸地蒼老和故去，使得這種傳承了千百年的森林文化難以得到傳承，處於真正的瀕危狀態。

　　但是，由於長白山的森林每隔幾年就要進行一次「抽伐」，以便使森林透光通風，而且除了機械化的運木外，一些貯木場還是組織部分林業工人抬木。事實上，這種森林抬木號子依然活態地存在於今天的長白山森林之中，為我們搶救和保護這種珍貴的自然生態文化提供了條件。

　　森林號子產生於遠古人類勞動行為之中，正如魯迅先生在他的著作中曾指出的那樣，最早的歌謠就是「哼唷哼唷派」，這可能是最早的「森林號子」。也是人類最早的歌謠。森林號子的珍貴價值主要表現在這樣一些方面。

一、森林號子的歷史價值

　　號子的出現，首先與森林的開發有關。號子的歷史，就是森林的開發史。

多年的歲月裡，當人類注意了森林，當長白山的開發成為人類的需要，於是號子這種活態的「森林之歌」便開唱了。

號子的重要價值主要表現在它的歷史價值上。號子是人伴隨森林的開發而記錄著人類生存歷程的重要文化類別。

首先是人類需要森林，於是，森林有了號子，也就有了人類的生存史和號子的生成史。

森林號子美妙的音樂、清晰的節奏、豐富的內容、傳奇的故事，真實地記錄了人類開發自然歷程中的生活形態和歷史內涵，具有鮮明的地方特色，展現了長白山區勞動群眾傑出的文化創造力，體現了生活在這裡的人民的生存智慧和人文精神，是中華民族優秀文化的重要遺存。森林號子又具有很高的學術價值和實用價值，傳達了諸多的生活智慧和美感。它的豐富內容和基本特徵及歷史價值主要表現在其鮮明的歷史特徵和獨特的韻味上，近年來已逐漸引起國際國內諸多專家學者的廣泛關注和研究。發掘、搶救和保護長白山森林號子，不僅可以豐富和完善中華民族的傳統文化，而且還能夠對世界文化遺產的保護做出重要貢獻。

長白山森林號子主要分佈於吉林省的白山、通化、延邊等地為主的長白山林區。特別是這三個地區內的廣大林場、流放木排的排臥子和一些採伐山場等地。長白山森林的採伐已有久遠的歷史了。據《山海經・大荒北經》記載，早在西元前三世紀，長白山區已經有人開始採伐，並「穿排」。據考古發現，遠在距今五萬至一萬年前，吉林「榆樹人」、「安圖人」、「青山頭人」就生活在這片土地上。八千至四千年前肅慎族生活在長白山區，從事森林採伐和漁獵活動。唐至元明，長白山裡的森林採伐活動一直沒有停止。到明永樂九年（1411年），朝廷在松花江上游運送長白山的木材造船，從此此地為「吉林烏拉」，滿語沿江靠川之謂。這也是「吉林」省名的來歷。可見人類對長白山木材物產採伐和使用歷史之久遠。由於對木材的應用，就要運木，而運木就離不開抬木。所以可以說「抬木號子」早已在東北民族的生活歷程中產生。

長白山區屬於原始森林生態區，植物物種多達二五四〇種，其中樹木最為豐富。紅松、白樺、黃波欏、水曲柳、東北胡桃楸，都是這裡獨有的樹種。山裡生長著大量的天然次生林，森林覆蓋率極高。吉林省是中國的重要林業基地，有林地面積八〇五點二萬公頃，居全國前列。林業成為吉林省早期開發的主要物產之一。清代的典籍《吉林通志》《吉林志略》《打牲烏拉志典全書》都對林木的開採有過詳盡的記載。

甲午戰爭之後，以俄國人和日本人為首的帝國主義迅速進入長白山地區，他們成立「木殖公司」瘋狂地掠奪長白山的木材資源，逼迫和僱用木幫採伐，使得森林號子一直沒有停止過。它是長白山森林木幫從心底發出的一種宣洩勞累、反抗壓迫的呼聲，表現對外來侵略者剝削和仇恨的號子是東北長白山森林號子的風格。

在東北長白山森林號子中，有一類歷史性和民族性很強的號子，這是因為從前吉林所轄地域十分廣闊，包括今天的黑龍江和大小興安嶺、外興安嶺、庫頁島和鄂霍次克海一帶都屬吉林之地，大量的北部地區的山林號子都在研究之列。

其中如富育光老師在《東海沉冤錄》和他在口述中講述的關於「北海」（今黑龍江烏蘇里江以北）的一些生活號子，一些「說部」的演唱片段中的內容，均屬於這種類別，是珍貴的北方號子。

山和海連在一起。

許多在海上捕魚、撒大網、拉大船、抓大魚的「號子」，其實也屬於這一類的號子。更加值得說明的是，號子沒有「文本」，屬於口述文化。而口述文化往往記載了珍貴的歷史記憶，是一種重要而珍貴的歷史文獻。

在人類最注意的「歷史」（文字史）之外，其實有關更為重要的「歷史」，這要比文字史更加遙遠和珍貴，那就是人類的口述史……

口述文化被記錄下來的這樣的結構：

如「說部」講述者開頭時說道：俗語說得好，樹有根，水有源，萬事皆有

起根發蔓兒。今兒個，我給眾位長老、太太、外姓來客、阿哥阿沙們開沙的烏勒本，可算奇啦。年代遙遠得很，是咱們翁姑瑪發的翁姑瑪發（遠世祖）大以前的故事。

在咱們先人還叫諸申、女真人的時代，在翁媽媽居住的大海之濱，有一條綿亙南北萬里長的高高賜霍特阿林地方，古樹參天，虎豹成群。我們的先人們還只是使用鑽木取火，生啖獸血獸肉，族人都是媽媽的兒孫，世代自稱「窩稽尼瑪」，就是「窩稽人」「林中人」。

東北的林中之族，在早夏日赤裸腰繫條條遮羞，冬裏毛服禦寒。海濱的兄弟們，則穿魚皮服，鯨油點燈。年復一年，日復一日，倒也安寧……

自中原五朝唐宋以降，尤進元朝之後，東海安詳之地可是血淚橫流，遼在這兒有取之不盡的富源。可是，不少「窩稽人」「海戶」被捆綁而去，世世代代淪落他鄉為異客，不少東海女真子孫變為漢人、南蠻人、西域人。大元朝廢漁獵，不少土地荒蕪，東海也有馬群牧場。烏蘇里江沿岸、尼曼河、湖布圖河、琿春河都有了放牧的「塔坦色」。

歷史價值中，突出了許多珍貴的民族性。東北山林中的許多號子記載了北方民族的生存歷程和民俗風情，是研究和探討民族生存發展的重要資源。又是一種記載北方民族開發自然、認識歷史的信息性資料。

它的珍貴作用不可忽視。

二、森林號子的生活價值

長白山森林號子主要包括串坡號子、歸楞號子、上跳號子、拽大繩，等等。

「串坡號子」主要是在山場子上（伐點）把伐倒的大樹歸到爬犁道上時唱的號子。這類號子在深山老林的雪原裏進行。山裡孤寂無人，處處是山澗和陡坡。「串坡號子」充滿了「提醒」性。指揮眾人注意腳下的樹根山石，以免絆倒傷人或滑坡。具有一種完全勞動性的形式特點。

「歸楞號子」是在林場山下進行運木抬木時唱的。這種號子著重表達了林業工人把原木運下山後的一種喜悅，並對一些圍觀的人來抒發自己的愉快，有時免不得帶一些挑逗和對話。這全靠「起號人」的創造。因這時的號子往往是在眾人圍觀的公共場合下進行的。由於號子的靈活多樣，往往也會調動起眾人的情緒。特別是「號子頭」一些見景生情的獨創號子，往往被眾人記住並流傳。一些有趣的著名的號子往往在這種時候產生並流傳下去，成為一種固定的號子樣式。

「上跳號子」是號子中最為固定的樣式，也是最重要的樣式。它的特色也是在固定的韻律下的提醒。上跳時非常危險，人抬木越走越高，腳一定要踩穩跳（木板）的邊緣。號子頭要時時告誡大夥注意安全。這種號子雖然聽上去「死板」，但細節變化不定，往往根據一時一地的情況產生不同的內容。

有兩個「上跳號子」的故事很有趣。

如《兒子用「號」罵爹》的故事。

抬木頭是一種講究集體出力的活計，一夥抬木人往往稱為「四盤肩」，兩個人為「一盤肩」。如果其中有一個「缺席」，就會造成整個集體前功盡棄，而且還容易出重大事故。特別是木幫抬木上跳時。有這麼一對父子，家裡生活挺苦，兩個人便一起來到了木幫抬木隊。兒子是「領槓」號子頭，負責「打號」領唱，和爹抬「一盤肩」。一次，在江源青溝門林場裝火車，最後「封頂」爬冒時，車頂上已是三米多高。上跳準備封頂，老爹畢竟是歲數大了，抬著抬著，只覺著雙腿打顫，兩眼冒金星就要扔槓。兒子先是感覺到爹的「槓」發抖，再一看，爹想撒槓自個兒跳下去……

這時，兒子可急眼了。他用號子罵爹說：「老犢子呀！嘿喲——！你敢扔槓？嘿喲——！我打死你呀，嘿喲——！」別人想笑，可誰也不敢。那是他爹呀！爹氣壞了。但還得「接號」。可兒子就是不鬆口，就是罵。老頭一來氣，反而一鼓作氣，上去了。因為「氣」，就是「勁」。放下木頭後下來，兒子一看爹，立刻「撲通」給爹就跪下了。兒子說：「爹！你罵我吧！打我吧。可是

在跳上，我不用號罵你『上』不去呀！」爹氣得上去給了兒子一個大嘴巴，扔下槓就走了。從此，爹氣得再也不認他這個兒子了。

但是這個故事傳開了。就是說木把抬木在槓上「走號」時，死也得挺住，不能扔槓。因為一人扔槓，毀了大家。所以民間又管抬木行叫「紅山教行」，說這一行「六親不認」，就是你的天王老子也一視同仁。

「拽大繩」是抬木號子的又一種，主要是在木堆「封頂」時把巨大的樹木用繩子攏好，然後由號子頭起號，大家一起來拉動繩子時唱的號子。這也是長白山森林號子的主要樣式之一。

所有的號子，都在號子頭領唱之後，眾人以「嘿喲」或「嘿嘿喲」等聲接號，這也是號子的獨特形式和特徵。

接號的人，號和行為要統一。

就是在發出「接號」的號聲之後，步伐和身體的扭動要符合韻拍，這是森林號子的重要特色。這種接號完全來自於人身體在負重情況下的自然的統一，也是負重前行的一種心理壓力的釋放。

森林活動使每一個抬木人必須要會喊號、接號，並運用號子去工作，這是一種自然行為的歌聲。

有時號子也會出現「南腔北調」，這不是號子本身的原因，而是唱號子的人來自天南地北，這會使得號子的聲音發生變化，但總的韻調不變。不過，人們不希望南腔北調，需要普通話。號子是傳播普通話的重要媒介。

三、森林號子的文化價值

長白山森林號子如果從文化內容上可分為三大類。一是勞動時的技術指示性內容；二是勞動生活和場景的描寫；三是葷號子（帶些幽默並專對女人進行描寫和分析）。

1. 勞動時的技術指示類號子

主要有「抬木號子」「上跳號子」「串坡號子」「撈木號子」「歸山楞號子」

等等。主要是指揮抬木者注意安全，順利運木。

如「串坡號子」：

領：哈腰就掛唄

合：嘿，嘿——嘿——嘿

領：掌腰個起來

合：嘿，嘿——嘿——嘿

領：扳住小辮子

合：嘿，嘿——嘿——嘿

領：腳下要留神哪

合：嘿，嘿——嘿——嘿

領：躲樹棵子那麼

合：嘿，嘿——嘿——嘿

領：盯住腳步那麼

合：嘿，嘿——嘿——嘿

領：小心樹楂那麼

合：嘿，嘿——嘿——嘿

領：上大嶺啊

合：嘿，嘿——嘿——嘿

領：後貓腰啊

合：嘿，嘿——嘿——嘿

2. 描寫勞動生活和場景的號子

如《樂呵號子》：

領：十四個人啊

合：嘿，嘿——嘿——嘿

領：仨楞場那麼

合：嘿，嘿——嘿——嘿

領：分兩伙呀哈

合：嘿，嘿——嘿——嘿

領：六和八呀

合：嘿，嘿——嘿——嘿

領：六個的硬啊

合：嘿，嘿——嘿——嘿

領：硬雜木啊

合：嘿，嘿——嘿——嘿

領：淨大個啦

合：嘿，嘿——嘿——嘿

領：光腚攢狼吧

合：嘿，嘿——嘿——嘿

領：膽子的大呀

合：嘿，嘿——嘿——嘿

領：海個兒的靠啊

合：嘿，嘿——嘿——嘿

領：匀溜個的上啊

合：嘿，嘿——嘿——嘿

領：兄弟們啊

合：嘿，嘿——嘿——嘿

領：加油幹啊

合：嘿，嘿——嘿——嘿

3. 一種生活中帶點「滋味兒」的號子

所說的這類號子就是葷段子的號子。這也經常在生活中出現，它表現了林

業工人們對生活勞累時的一種輕鬆心態的渴求。

如《抓小辮兒》：

領：哈腰幹哪

合：嘿喲—— 嘿喲—— 嘿喲

領：抓小辮呀

合：嘿喲—— 嘿喲—— 嘿喲

領：你真好看哪

合：嘿喲—— 嘿喲—— 嘿喲

領：咱別貪戀哪

合：嘿喲—— 嘿喲—— 嘿喲

領：迎風站哪

合：嘿喲—— 嘿喲—— 嘿喲

領：咱是好漢哪

合：嘿喲—— 嘿喲—— 嘿喲

領：誰邁不動步呀

合：嘿喲—— 嘿喲—— 嘿喲

領：最操蛋哪

合：嘿喲—— 嘿喲—— 嘿喲

還有一些如《二狗子老婆》《老把頭》《倚門框》等，是抬木工人對他們憎恨的人物，如對二狗子、監工、漢奸等人物進行輕蔑和咒罵的號子，也很豐富和普遍。

長白山森林號子以長白山裡從事伐木、抬木、運木生活為背景，是人們在從事艱苦而危險的體力勞動時發出的生活的呼聲，這就使這種文化具備了重要的人類學和民俗學的價值。在這裡，既能看到人類在同殘酷的大自然打交道時

的背景，又反映出人類關愛親人，吃苦耐勞的種種思想情緒和美德。如不許女人靠前，表達了男人們能吃苦面對生死，不讓親人和弱小靠前的思想美德。這種號子全面、深刻、生動地記敘和保留了長白山區人類的生存觀念和文化傳統。

號子是人抬木受重壓時吟出的一種聲音。人在重負下發聲，這是人生理的需要，但更重要的是人精神的需要。號子對人生命的構造和發展具有重要的和諧意義。它是人在與自然生態相融合時產生的結果。

抬木唱號子，對身體有好處。

是人自然結構的需要，是人生命運動的一部分。

起號時，號頭有時是一句，具有指導性，如「哈腰掛呀」，有時是直接一個字「嘿」或「咳」，這都是人在受重時的自然抒發。

號子歌，是研究人類生命結構的重要資源，很有科學價值。

同時，森林號子真正體現了人類文化創造的典型性、代表性。勞動創造了森林號子，號子本身又記載了人的生存歷程和生存形態。

號子又具有在一定群眾中世代傳承、活態保存的生活特點。

今天當人們抬一些重的物件，還是忘不了使用這種「號子」，可見它有搶救和保留的意義。

號子在長白山林區具有鮮明特色，在當地有很大影響。號子王任天元說，我一聽到號子響，心裡就癢癢，總想去抬一抬，唱一唱。足見號子在百姓心中的地位。研究號子的生態和諧理論將會對人類探討其生存質量有著極其重要的現實意義和歷史意義。因此我們說，長白山森林號子的重要價值在於它與人文文化和自然文化的融合，是一種具有雙重價值的藝術類別。

四、森林號子的藝術價值

長白山森林號子中的許多精彩的部分和段子，今天已經普遍地流傳在百姓的生活當中了，更有的對當地的「民歌」「小調」「哨」「五更」「秧歌帽」「二

人轉」等無論從形式上還是藝術上，包括音調和詞語，都產生了深遠的影響。

大煎餅，捲大蔥，

咬一口，辣烘烘，

幹活全靠老山東。

這是對來長白山區闖關東的中原人的一種歌頌和讚美，而「號子」中也有在抬木時的歌中唱道：

大煎餅呀──！

嘿哎喲呀──！

捲大蔥呀──！

嘿哎喲呀──！

咬上一口──！

嘿哎喲呀──！

辣烘烘呀──！

……

這分明是借鑑了生活中的歌謠而形成了號子的內容。也可以說，長白山區的許多歌謠形式、藝術都與「長白山森林號子」有著直接或間接的關聯和影響。

長白山森林號子是由一人領唱、眾人和唱的一種獨特的東北民間森林工人的勞動歌，是抬木人在肩膀受到重壓時發出的自然呼聲。由於森林號子始於本土的民間勞動生活，發展於茫茫的長白山林海各採伐團體，經過一個又一個「槓子頭」（領唱號子的人）不斷地加工傳承又流傳下去，這使得森林號子成為森林採伐幫集體使用的文化，又凝聚著「號子頭」獨特的智慧創造和文化成

果。這既代表了森林採伐工人集體的思想情緒，又傳承了每一個號子領唱人這個創作主體人的充分的人生個性。

長白山森林號子已成為包容文學、音樂、行為、喊唱，乃至互相說話方面的生活認同和思想表述等綜合藝術成分和文化意義的作品。

號子的內容包含了東北民族生存的哲理箴言、民間諺語、歇後語、民間故事、笑話和傳說等，是反映長白山區人民群眾生活和自然風貌的百科全書。號子體裁既有臨時發揮的隨時創作的散體，又有幾天或更長時間不斷使用的複合體，同時也有較長的敘事歌。號子的演唱方式雖然較固定，但唱詞格律與押韻方式往往充滿多樣性，變化無窮。

起號和接號，是長白山森林號子的重要音樂藝術特色。起號人的第一句往往決定這首號子的成功和流傳能力。這主要表現在起號人的聲音和時間上。每首號子每個號子頭的起號聲調特別重要。號聲的大小、高低、粗細、強弱都決定著其他接號人的抬木勁頭、步伐步態，甚至運送距離和時間的掌握，都是靠號子來控制。

一種調律，多種內容，這是長白山森林號子的另一重要藝術特色。一種固定的調律早已讓人記於心中，便於大家都「走在號上」。抬木是一種齊心協力的勞動形式，號子就是用自己的韻律來調節人的步伐，所以叫走在號上，這是調律的作用。而號子內容的變化，完全由「號子頭」去完成，他的「變化」也要在同一的調律中去進行。這種變化，只能是詞的變化，在同一的調律中發現不同的詞語內容，去指揮大家共同抬木行走。

號子頭的起號內容使得號子豐富多彩，變化萬千。從開始的「哈腰掛」到「撐腰起」「邁開步」「往前走」，直到他在抬木途中見景生性，見物比物的表達，不但為大家解悶，還有「指揮」上跳（上跳板）時的注意事項。到了「楞上」（木堆或車上）怎麼放木，哪邊先落先放等，都要由他的「號子」去「指揮」。這使得號子在固定的調律下內容卻是千變萬化，充分體現出長白山森林號子的獨特內涵。

諸多長白山森林號子，在《中國民間歌謠・吉林卷》的《白山歌謠卷》《通化故事歌謠卷》《延邊故事歌謠卷》《集安故事歌謠卷》《臨江故事歌謠卷》《敦化故事歌謠卷》等書籍和資料中均有記載，這已成為吉林省非物質文化遺產的重要類別。

　　長白山森林號子的主要藝術特徵是：

1. 多樣性

　　種類多樣：除了以抬木為主要代表的「抬木號子」外，還流傳著「上跳號子」「撈木號子」「拽大繩」。

　　內容多樣：唱詞中既有民間諺語、成語，又有許多俗語、俚語等地方方言，還有人生哲言箴言，故事和傳說、小帽，等等。

　　長白山森林號子是集東北民間小調、民歌、秧歌帽、二人轉說口之大集，許多號子王往往也是這種民間藝術的優秀表現者。他們又通過自己抬木的親身體會而產生了號子，於是使號子具備了自己獨特的韻律和韻調。

　　更重要的是它有號子自身的個性特點。

　　它是每一次抬木的具體感受，表達了人每一個時期的心理狀態，記錄了人複雜的生存背景和空間。號子是研究長白山文化和東北地域文化的重要載體。

　　動作多樣：運木唱號子，唱的人步伐一致，但手、腰和步伐優美奇特，給人以一種在負重的場景中油然而生的動作美感。

2. 創造性

　　長白山森林號子是抬木人即興而創作的一種歌謠。由於往往是見景見物即興而發，所以保留了諸多「號子王」獨特的創造智慧。如反覆描寫一個人物、一個場景、一個動作。但不枯燥，不顯得重複。這主要是號子通過自己的調的高低、粗細、長短、大小來調節聽的人的心理，產生了迷人的韻律。

　　而且，雖然韻律固定，但由於富有創造性，所以百聽不厭。

3. 民眾性

　　長白山森林號子是長白山伐木者生活中不可缺少的組成部分。人們常說，

森林裡如果沒有號子，長白山就沒有了靈氣。這話一點兒不假。這種號子聲時時飄蕩在長白山人的生活中，已經和生活在這裡的民眾息息相關，成為人們生活中難忘的內涵。

五、森林號子的主要特點

1. 傳統的固定性

所說的固定，是指號子的名稱和類別。這種類別往往是在長白山區久遠的歷史中流傳下來的那種。由於他有了這個積累，使得他的號子出師有名，各類號子很有典型的代表性。只要他一出口，跟的人、和的人、聽的人就都知道這叫什麼號子。很受人的歡迎和喜愛。

2. 生動的靈活性

許多長白山森林抬木號子在王守用的口中變化無窮。

他唱號子時，可以做到隨口而出，讓人耳聽不過來，跟不上節奏，在對別人極大的吸引之中完成了對號子的理解和吸收。他的各個號子完全根據此情此景即興發出，讓人充分地感受到他出口成章的本事。而且一句一字、一調一腔讓人十分震驚，聽他唱號子會給人帶來無限的美感和清新。

3. 豐富的敘述性

長白山森林號子雖然是應用在抬木頭的勞動之中，但是其實每一首都有自己的特點。而王守用往往也是根據每一首的不同情況創作號子，運用號子。然後他再通過號子調的快慢、長短、強弱來調節號子的聲度；又通過號子的內容（詞）的變化與不同，去吸引人走進號子的氛圍中去。讓人理解，並跟著去思考和回味。這主要是表現在符合人的精神情緒上。

森林號子王的故事和行話

　　作為歌謠藝術的森林號子，是一種概括生活、全面活態地反映生活內容的文化，它是與人——號子的創作者整體的生活狀態和生存歷程分不開的一種文化。可以說，號子創作者的生活背景和生活空間是號子產生的重要基礎。

　　包括號子王的故事和槓子行的行話隱語，都是一種文化，我們稱之為號子文化，它是一種多樣性的文化。這是因為號子的創作者本身就處於多樣性的文化背景之中。

一、號子王的故事

1. 兒子當號子王

　　有這麼一對父子，家裡生活挺苦，兩個人便一起來到了木幫抬木隊。兒子是「領槓」號子頭，負責「打號」領唱，和爹抬「一盤肩」（兩個人抬一副槓）。

　　一次，在江源青溝門林場裝火車，最後「封頂」爬冒時，車頂上已是三米多高。上跳準備封頂，老爹畢竟是歲數大了，抬著抬著，只覺著雙腿打顫，兩眼冒金星就要扔槓。

　　兒子先是感覺到爹的「槓」發抖，再一看，爹想撤槓自個兒跳下去……

　　這時，兒子可急眼了。他用號子罵爹說道：「老犢子呀！嘿喲——！你敢扔槓？嘿喲——！我打死你呀，嘿喲——！」

　　別人想笑，可誰也不敢。那是他爹呀！

　　爹氣壞了。但還得「接號」。可兒子就是不鬆口，就是罵。老頭一來氣，反而一鼓作氣，上去了。因為「氣」，就是「勁」。

　　放下木頭後下來，兒子一看爹，立刻「撲通」給爹就跪下了。

　　兒子說：「爹！你罵我吧！打我吧。可是在跳上，我不用號罵你『上』不去呀！」

爹氣得上去給了兒子一個大嘴巴，扔下槓就走了。

從此，爹氣得再也不認他這個兒子了。

2. 老娘提提鞋

有一家，闖關東出來的，落腳大陽岔。

這家男人老實，總挨欺負。男人回家一上火，女人心裡也來了氣。

這一天，女人對男人說：「今兒個你在家，我去木幫！」她抓起小槓就走了。

楞場人一看，來個女的，就問：「你男人呢？」

「在家養孩子呢。」

大夥聽了哈哈笑。

領槓的說：「你這是說話呢？男人怎麼能生孩子？」

女人說：「既然男人不能生孩子，女人也不是不能喊號！」

一句話，差點把大夥頂個倒仰。

既然人家把話說到這份上了，大夥也就無話可說了，操傢伙吧。

上跳之前，一個老木把要女人的「話口」（表態之意）說：「我說你呀，現在不上還趕趟。等上去，可不行扔槓！」而且，他還故意選了一根大木。

女人說：「你就把傢伙得了！」

於是，她大聲唱道：

「哈腰掛呀了吧——」

大夥只好操起槓接號：

「嘿哎喲嗨——！」

一點點地往前走去。不一會兒，上了跳。

當上到第三排卡凳時，有幾個木把有點吃不住勁兒了。再一看那女人，臉不變色，氣不長出。大夥正吃驚，突然又聽女人唱道：

「大夥等一下呀！」

「嘿哎喲嗨——！」

「姑奶奶我提提鞋呀——！」

「嘿哎喲嗨——！」

唱到這兒，只見她，抬起了一條腿，輕鬆地摸到繡花鞋跟，一點點地提開了。

大夥這下可吃驚不小。

一個個的直打晃不說，而她，還一個勁兒地提個沒完沒了。這時，大夥終於明白咋回事了，這是人家給自個兒的男人「報仇」來了！

於是，一個老木把開了口。說：「我的姑奶奶呀！你快點吧。這些兄弟們都等你呀……」

「是等我嗎？」

「是呀！」

「那從今以後，你們是不是都一樣待承。」

老木把發出了哭聲，說：「保證！保證一樣待承！」

於是，女人這才提上鞋，這夥人終於將大木頭抬了上去。從此以後，這女人的丈夫再也沒有受過大夥欺負。

3. 闖野雞幫

要吃木幫飯，得拿本事換。

這句東北木幫物語，道出一個生動的故事來。

在東北的長白山裡，木幫們有句口頭禪，哪掙錢上哪去。哪掙錢？其實就是指抬木頭掙錢，又叫「吃槓子飯」。

在長白山裡，最大的槓子幫叫「野雞幫」，這是因為民間常說：家雞一打團團轉，野雞不打滿天飛。是說，有能耐的人，都奔野雞幫，他們敢於占四方。

那一年，李毓生十八歲，家窮，就奔了野雞幫。野雞幫在深山裡頭。往裡一走，就聽見野雞幫的號子喊得震山響。

號子響，人就硬實。這說明木頭大。沒有「木頭」，號子「不響」。木頭

一大，號子一響，黃金萬兩。木頭小，號子「起不來」。號子是木頭的語言。號子是木頭的「話」「嗑」。號子是木頭的「味兒」，號子是木頭的精氣神兒。

李毓生按著響動走上去。見一個又黑又大的老把頭，名叫張山的，領著人幹活。他雙手一施禮，說：「老把頭，凳高了，馬短了。今兒個走到這兒，要吃口槓子飯。」

張山瞅他一眼，對下手二槓說：「稱一稱他。」（比一比的意思）

二槓遞過一根小槓。問：「大肩？小肩？」就是左肩右肩的意思。這是人家的客氣。意思是讓你「選擇」。這時，來人也要有禮貌。往往說：「師哥，你定。」

但，這句話，也是有分量的。

那意思既是尊重你，同時也給你一個下馬威，是在說：「我既然敢為，就大小肩都能行。」

這個二槓，也是個心地挺善良的人。這時他低聲說：「兄弟，今兒個你『耍尾』吧！」

耍尾，就是後邊的一槓。

這個活，只要前邊一步，後邊要三到五步，弄不好，當天就「耍」死你。

李毓生一聽，心下涼了。這不是要我命嗎？

可是，為了吃這碗飯，又不能不幹。於是，他硬著頭皮上了槓。

當時，前邊頭槓的人就是師哥。而他處處時時「壓」著步子。那是一根一千三百多斤的大樹。師哥始終壓著點，沒讓它「耍」起來，「甩」起來，最後終於順利完好地抬了上去。

於是，野雞幫收下他了。

這天夜裡，李毓生來到師哥住的窩棚，咕咚一聲就給師哥跪下了。他說：「師哥！俺一輩子忘不了你的恩情。」因他聽說，就在前一天，一個自恃高傲的外地來闖野雞幫的吃槓子飯的，第三天就被「耍」死了。

從此，他就在野雞幫幹上了。

4. 陰陽鈎

陰和陽，這是人間地獄的一字之差。可是對於生命卻有著天地之隔。

那一年，任天元去山裡闖大陽岔顧長遠的槓子幫。

冬天，老山裡樹被凍得「嘎嘎」響，樹裂了。

樹一凍裂，轟然倒地，拍起衝天的雪沫，升上天空，久久飄蕩不散。

在這樣的日子裡，一般的人都是在家待著，再也不出門了。可是任天元為了生活，不得不奔往深山老林，為著多掙幾個呀。越往山裡走，天越乾冷。

吐口痰，掉地下，摔兩半呀。

溝裡抬木頭，遭那些個罪呀，老甸子霜壓成冰餅，人，一睜眼就是木頭。

這一天，他來到山裡槓子幫。他見顧大把，說了自己的意圖。

顧長遠說：「誰去稱稱他？」

「師傅！我去。」

說話的是一個叫譚寶的人。這人長得五大三粗，哪一個「新槓」（新來的抬木人）都要經過他的手去「稱」（去試）。

這人生性心黑膽硬，「稱」死人不要命。不少他看不上的人，都被他給玩完了。

這一天，他們進了山場子。任天元不知自己的命運如何呀。

人啊，在苦寒的老長白，生命就像草裡的螞蟻，說完不見一點痕跡……

白雪把四野鋪厚。刮鼻子刮臉的嚴寒，凍得人吸口氣，就像吞了一口尖椒，腸子裡火辣辣地疼啊。出一口氣，飄出去，變成霜雪，落下來唰唰響。

娘啊！兒進山抬木頭啊……

任天元，在心底哭著。一切為了生存。

可是，這個節骨眼，他是男子漢，不能！

不能給關東漢子丟臉。

這時，譚寶來到一根大青楊前。

只見那樹，足有老木櫃子那麼粗，而且，一頭上有一個大木疙瘩。大青楊

是長白山裡稀有的樹種，個大，木頭厚，分量足。

譚寶「咔嚓」一下子就把掐勾掛在樹疙瘩上了。他回頭對任天元喊道：「小子，接槓……」

這一刻，任天元明白了，他譚寶使的這叫「陰陽鉤」。陰陽鉤就是把鉤搭在有疙瘩的樹的疙瘩上。這種鉤掛在疙瘩上，鉤繩稍一串，小槓這頭的人立刻一腔子血從喉嚨裡直嘔出來，從此廢了。但是，現在箭在弦上，不接不行。於是他二話沒說，就接了槓。

號子一起，他猛然覺得大槓那邊一壓。此時他要稍微沒有點骨氣和毅力，一扔槓，血也吐出來了。可是任天元是誰？那是三輩子老木把的後人，他不能丟這個臉哪。家鄉爹娘都在遠方看著呀！

於是，他憋足一口氣，在「號」的叫下，只見他立刻挺起腰，走了起來。

這一下，把譚寶震住了。譚寶心裡也被這個人的行為感動了。

走著走著，譚寶用手一擰，把鉤又往高提一下，這叫「串鉤」。

這一串，又等於把千鈞的重力移了過去。其實天元早已看在眼裡，開始他使出吃奶的勁兒挺著，臉已憋得如豬肝般紅。

這時，譚寶還想使出「左串鉤」，就是把勾往左側一寸，這時的重力，會使小肩人必死無疑呀！就在這時，顧長遠一步躥上來，上去就按住了譚寶的手，說：「老譚哪！萬事不能幹絕！」於是，任天元終於闖過了生死關。

在顧長遠的槓子幫裡幹了一冬天，任天元肩膀的血蘑菇長了五寸。

5. 馬先起

在野豬河，有一夥槓子隊，有一個人，叫馬先起。

馬先起本是一個人名，可偏偏這個人抬木頭，誰也不願和他「一個槓」。

一個槓，又叫「一副肩」。他幹的是大肩。小肩這邊人，誰也不願幹。因為馬先起總好自己「先起」。

抬木頭這種活，兩個人一副肩，一個人先起，另一個人就遭罪，就吃重。

有一年，敦化一個叫高連云的木把來到了野豬河槓子隊。當時，這高連云

年紀不大，身子骨嫩，都是因為家窮才進山裡的槓子隊來抬木頭。當時，領他一塊兒進山的是他的一個屯鄰，他們是合夥來到野豬河的。可是，幾天下來，他就受不住了。這一天，他對屯鄰郭才說：「二哥，我要走！」

「行。但得找個人！」

「回去找。」

「回去？那怎麼行？」

「咋地？」

「這裡的槓，誰接？」

屯鄰說的有道理。幹抬木這個行當，沒有多餘的人，少一個，活幹不了不說，錢也沒法去分。再說，高連云想走，是因為另一副肩的正是「馬先起」，誰和他也受不了啊！但是，沒辦法，人這叫攤到份上了。於是，只好進了山場子。

這時，正好走到一根老柞干前。

那種老柞木，外號叫「老婆樹」。根長得像蘿蔔根，小頭不大，大頭挺大。就是這種樹木，不少槓都閃過去了（躲過去了）。現在，「馬先起」卻專門選上了這根。因為他不怕，他「先起」呀。

這可怎麼辦呢？

屯鄰郭才也看出了對方的意圖。馬先起不斷地叫號！郭才想，一個屯子出來的，壓壞了回不去，屯裡人也會埋怨自己。於是就走上去，給馬先起遞了一支煙，說：「兄弟，抽上⋯⋯」

馬先起不接。郭才又勸，才接。

馬先起接了，抽上了。

郭才趁機說：「兄弟，這根老婆樹，掛了好幾掛了，沒槓走。我看，咱們也繞過去吧。」

馬先起說：「繞過去？工錢你給？」

大夥傻眼了。野豬河槓子隊馬先起說了算哪。沒法，只好掛。

可是，起來好幾起，高連云、郭才，還有幾個人都換在「馬先起」的下槓，就是起不來。

馬先起急了，大罵：「滾！都給我滾！」

高連云不愧是日後的號子頭、號子王。這時他走上去，對馬先起說：「師哥，凡事要找找根。有多大的樹，就有多大的力。咱們前後找一找，看在哪兒下鉤⋯⋯」

他的一席話，對了馬先起的心思。

於是，由高連云掐著把門，在「老婆樹」的上上下下，一找，最後把鉤搭在樹的細梢處，讓「老婆樹」的根拖拖著，終於起來了。因為這樣，你先起後起都不重要的了。這真是事在人為呀。

後來，高連云和郭才成了好朋友。到老了，郭才還見人就說，在野豬河，高連云大把沒給我丟臉哪。

6. 唱甩坡

有一年，東山裡來了一夥山東人，他們人多力氣大，整個山場子他們挑著幹，好活都讓他們做了。

這一年，在黑風口，一個山場子都是好紅松。聽說有山東槓子隊和四五個槓子隊都往那裡趕，號子王任天元和他表舅哥也往那兒趕。可是到了那兒才聽說，山東槓子已把好抬的都槓出去了，剩下遍地的都是老柞木。

去還是回？

那年頭，找點兒活也不易。

大夥意見不統一。

把頭何三虎說：「就這場子，咱不幹也是有人搶！」

大夥只好幹。默認倒楣。

可是幹了兩天，一個叫楊麻子的就吐了血，再也沒起來。

還有一個叫趙成敏的，因家窮，就頂上楊麻子上來了。當時，那是一根五米多長的木頭。他把把門平放在木頭上，用手掌按著走。

四個人一節，就趙成敏不行。

可能也是實在不行了。於是趙成敏說：「等等，我回家取帽子！」

其實，取什麼帽子？這是人家藉口走了。大家心裡都明白。怎麼辦呢？

這時，把頭何三虎上來了，他問大夥：「四個人能不能抬動？」

大夥說：「少一個人哪。」

何三虎說：「不少。」

果然，他身後跟著一個小做飯的。這小夥子，也是從山東來的。自從來後，還沒上過槓，只是聽人喊號子，看見人家幹活。現在，他讓把頭給弄來了。

大夥都說：「恐怕不行。」

何把頭說：「差不多。」

大夥於是拉上那個做飯的，奔大樹走過去，去照量。

這時，何把頭順兜裡掏出一塊大洋，吐口吐沫，往樹上一凍。說：「抬動了，拿錢走人！」

誰知，那個做飯的也不賴。大夥一下子都甩掉了狗皮帽子，一個個彎腰上了掛。

號子頭大喊：

哈腰就掛了吧——！

嘿嘿哎嘿呀——！

串上坡就走吧——！

嘿嘿哎嘿呀——！

⋯⋯

終於，大木動了，走了。在這響亮的號子聲中，大木被運出了老山。

森林裡抬槓子這一行，真是什麼奇特的事情都有啊。

二、號子行的行話隱語

號子行，其實就是「槓子幫」。因為他們幹活要喊號子，所以叫號子行。

同其他行幫一樣，這一行也有自己的獨特的語言，也有屬於自己的行話和隱語。

下面，就長白山區森林號子幫這一行的特殊行話和隱語進行相關的介紹。

抽茬子——指山裡挑木頭去伐。

把門——色子木，順子木。兩三尺長。中間粗，兩頭細，中間一個殼，放卡勾。

一盤肩——又叫一副肩。指兩個人，一左一右，對面抬。

小悠——一根小繩，可竄木槓。

墊肩——二尺八或三尺見方的一塊布。有白，有藍。用來抬木時墊在肩上。

開飛機——指對方（一盤肩）不告訴你猛地往先一起，對方一下子摔倒。

哨掐鉤——也同上邊一樣。指沒有準備而敗下陣來。

迎頭——車上或木堆上有一根木頭，大頭沖這邊。抬木的人要防止這事。

爬木頭頭——指吃抬木飯的人。

幫一槓——指對方讓你先起，省勁兒。

組槓——槓子伙召集人。

組幾個盤肩——槓子伙挑選人。

槓子頭——槓子伙的把頭。

號子頭——槓子伙裡喊號人。他往往也是槓子伙的頭。

壓腳——一種工具。一頭帶個鐵包皮。可用來清理被誤住的爬犁道上的爬犁。

前後槓——前把門，後把門。

哈啦嗨——這是槓子頭、號子頭的別名。因他喊號子總離不了「哈」「啦」「嗨」「哎」什麼的，所以叫這個名。

解號——又叫「接號」。解，指號子被聽的人去理解，然後跟著執行。

拉大繩——指一種號子名。是在眾人用大繩拉木時唱的號子。

催木頭——指號子叫得緊，叫得急。

撐步——跟上步伐。

拉弓——指木頭重，把跳板壓彎了。

吃雜八的——幹雜活的人。

上甩——號子調結尾往高揚。

下甩——號子調結尾往下去。

左甩——號子調結尾往左。

右甩——號子調結尾往右。

前甩——號子調往前出氣。

後甩——號子調往後出氣。

老甸子——高山濕地。

背坡——一種在山上背貨去賣的人。

抓凳——把木頭疊高。

串坡——在山坡上集中木頭。

恨載——幹活下死手。

老婆樹——長得上細根粗，不好抬的樹。

串鉤——又叫「掛串」，指掐鉤向兩邊動。

收肩——完活收工。

收槓——也是結束工作的意思。

邊股——木堆上的一側。

小尾——指抬木頭的最後一副肩的小肩。

吃小磨的——工具是他的。帶工具入股，算一份。

吃槓飯——靠槓子來掙錢的。

上晃錢——也是指吃抬木頭這口飯。

小槓——抬木工具。

掐鉤——抬木工具。一個套，一邊一個鐵鉤。

壓腳——搬木頭用的。

搬鉤——搬木頭用的木頭，頭上一個鐵鉤。

刨鉤——搬木頭用的木頭，頭上一個鐵鉤。

大掏——又叫大套。指很長的繩索。

驢子——兩個小槓的俗名。

滾槓——兩根，反套。用來墊木滾動省力。

踩邊股——走在跳上，腳踩跳邊。

踩裡股——走在跳上，腳踩裡邊的跳邊。

掛嫩了——指掐鉤搭木邊上了。

掛老了——指掐鉤搭木太深了。

禿嚕鉤——指掛嫩的鉤。

死鉤——指掛老了的鉤。

大點掛——往木的下邊掛。

摳旁鉤——往木的一邊掛。

對掐對掛——木頭長點，往中間掛。這樣，後邊不踩前邊腳。

打電話——前把門抬前邊木頭，後邊人抬後邊木頭。

二槓掛——指第二盤肩的人先下手。

四槓掛——指第四盤肩的人先下手。

頭槓——頭前的一副盤肩。

拉拉殼——鉤掛的前淺後深，怕禿嚕。

打一個點——把門上的「印」。是硬壓出來的。

小槓飛了——較上勁兒時，樹重繩緊，槓飛了出去。

愣愣號——不一樣的號子。也叫「隨心所欲」。號子，一個地方一個「風俗」。江源、三岔子、大陽岔，號子都不一樣。這叫「號」隨「風」（風俗）

轉。

老號子——土號。

長尾號——指尾音長的號子。這類號子不好接。但好聽。長尾號，人一不注意，就容易「閃腰」。

笨號——也指老號子。流傳得廣。人人會聽，會接。

前後槓——兩人抬。

早報號——號子頭要早點報號，讓人有個準備。一般的情況下，唱歌跑調，但喊號不跑調。但要早點發出，行就行，不行就不行。糊弄人不行。

悠上去——在跳板上抬上去。

拿槓的——也指號子頭。

拉屎不掉帽子——各使一股勁兒。

槓子房——抬木人住的地方。

抗腳行——也指上跳的人。

血蘑菇——指抬木頭的人肩上壓出的肉。

血蘑菇長出來沒有——肩上的硬肉壓沒壓出來。

擼順擼順——木槓在肩上壓一壓。

稱一稱他——試一試他，或考驗他一下。

耍尾的——指最後一槓的。

後毛腰——讓前邊木頭頭先起來。

陰陽鉤——不懷好意。掛搯鉤時把鉤往你這邊多掛。但是掛在樹的節子或疙瘩上，對方看不出來，卻能壓死人。

爬帽——抬木往高高的木堆上走。

紅山教行——指六親不認。抬木人認木不認人。因為在木上肩時，說什麼也沒有用了。

瞎活稀——不會幹活的人。

放楞的——用爬犁從山上拉下來，先歸楞，這叫放楞。放不好，擠腳。

第四章

———

放　排

▍水場子活

在古老的長白山裡，當伐木人把大樹伐下，拖木人將大木拖下山，抬木人將大木歸到江邊，於是，一個神奇而漫長的放排人的生涯便開始了，這時，江邊到處是一望無際的「木垛」……

那些木垛就像一群群即將出發走向外界的孩子，「它們」長大了，在那裡「成堆」地等著，等著出發。

木垛，是伐木人生命的結果。

這時候，「水場子」活就開始了。

編木排前，先要選木。

選木，主要是選那些個夠「尺碼」（尺寸）的「大件子」，一經流放起來掙米數、出貨、值錢……

在從前，所走水流的「料子」都似大櫃一般粗，又高又大。

在未推行日式放排法之前（1913 年前），因受編排方法的限制，採伐的木材全部製成「料子」，一九一四年以後，陸續推行日式編排法，逐步生產原木，所以在偽滿時期造材標準比較混亂。

材料標準：斷面直徑一點二尺至一點八尺；材長八尺為一連，十二尺為一連半，十六尺為二連。

原木標準：小頭直徑六吋至一點五尺，材長八尺為一連，十六尺為二連。

大徑原木：小頭直徑七吋至一點三尺，材長分三十八尺、四十尺、四十二尺三種。

小徑原木：小頭直徑五吋至八吋，材長分二十尺、二十三尺、二十六尺、三十尺四種。

電柱材：小頭直徑四吋至七點五吋，材長分二十二尺、二十四尺、二十六尺、二十八尺、三十尺、三十二尺、三十四尺七種。

檁材：小頭直徑一尺以上，材長十五尺。

桅杆：小頭直徑一點二尺以上，材長一百尺。

木材質量標準：原木以無節，通直無枯損、腐朽為限；材料要求四面鋸平、取直，兩端邊長相等，無腐朽。

材積計算方法，偽滿時期材積計算方法複雜，各地不統一。

鴨綠江流域一般以連、符、料等為計算單位。料：斷面積六十平方寸，材長八尺為一料；連：材料長八尺一截為一連，十二尺為一連半；符：十一連為一符。積尺：一尺×一尺×十二尺為一積尺（〇點三三三八立方米）。

採木公司成立後，鴨綠江流送以採木公司為主，歷年木排流送的數量如下：

鴨綠江在長白縣境內有大約二六〇點五公里，境內各河流匯於鴨綠江，江面上窄下寬，為木材集散流送提供了便利條件。長白的木材採集下山後，通過鴨綠江水運銷往各地，歷史悠久。據《奉天通志》載：「遼陽省採木長白山，時皇后欲營佛寺，洪福源之孫重喜、重慶等奏長白山多美材，著發瀋陽軍二千伐之，流下鴨綠江使高麗舟載以輸出。於是，遼陽省宣使令高麗造船三艘，軸米兩千擔，幣不可言。」此系一三〇九年事，此材是否採於長白山無文可查。另據《長白縣誌》稱：「二十道溝與二十一道溝、二十二道溝交尾之所，日俄戰爭時日本軍用木檀即取給於此，修有輕便鐵路十餘里，四通八達，上接平頂山、紅土山，下通鴨綠江。此材當應從鴨綠江流送。」又稱：「光緒三十四年（1908 年）八月，設治總辦張鳳台赴省領款，乘排去臨……」另據《鴨綠江林業志》載：「光緒三年（1877 年）清政府即在鴨綠江口大東溝設木稅局，徵收木排捐。長白縣的開拓也是由下游逐漸向上游開發，木把作業七道溝、八道溝等地也都早於長白，其木材除鴨綠江可流送外，別無他路。」據此，可知長白縣利用鴨綠江流送木材早在一九〇八年設置之前很多年就開始了。

長白山南坡採下的樹木，當地加工需用極少，幾乎全部經鴨綠江流送外地，據一九二〇年各警察所調查，境內有「本字」把頭一七七人，所做木排

五八九張，最多的二十道溝唐寶坤把頭一人做二十八張，一般把頭做三至四張，最少者也做一張。另據一九二五年六月各警察分所調查，境內有把頭一三〇人，做木排二一三張，最多的十三道溝孫述洪做排十五張。

二十世紀五〇年代，長白縣所產木材，仍然是通過鴨綠江流送，初期流送到集安出水，後期臨江設點流送到望江樓出水。每年流送無定數，最多時一年五點九萬立方米（合一五〇〇張排）。從一九七一年起有部分木材通過公路運往臨江；一九八二年後，長松公路通車又有部分木材運往松江河，從而結束了木材全部依靠流送外運的歷史。

近百年的編排流送方式經過多次改革，於一九七三年始改為現在的編排放排方法了。

水場子活，首先是「穿排」。穿排屬於水場子活類別的主要「手藝」。往往是在江裡或老排窩子進行，穿排又有「硬吊子」「軟吊子」和「繞圈」編放排法三種穿法。

一、硬吊子

所說硬吊子，從前民間稱「本字」排（也有叫本自，或本治的），這是編排法中最古老的方法，這種排編制複雜，木材需要鋸成四個平面的方材，費用較大，運行緩慢，特別是受江水限制。一旦天旱水少，就須攏排等待，水大又有沖毀之險，從一九一四年以後逐漸被淘汰了。

編排的工具有掏眼斧子（長三十釐米，寬四釐米，重五斤）、串聯桿子（長七米，徑九至十二釐米）、繞子（日本稱捻木，長二至三米，根徑二至三釐米，用柞、樺等幼條趁鮮時擰制，用時可圈繞不拆）。

編排方法是在木材兩端鋸成凸凹形，用掏眼斧在凸凹處掏鑿成九至十二釐米方孔，在水中用串聯桿子將木材串聯起來，每節十六至二十件，五至六節為一張排，總長約二十四至三十米，每排一〇〇至一五〇立方米。木排中央搭一木板小屋稱「花棚子」，供放排人員食宿及儲存食物。

放排時，每排必備大頭繩一根長四十米，二頭繩一根長四十米，吊繩四根，挖槓十根，木槌四把，大棹十六把，串聯桿子三十根。另據排工人數帶足兩個月左右的食物。放排時每排由六至八人操縱，其中一人是大卯子（放排技術員），熟悉江道情形，站立排首指揮，其他人眾或持刨鉤（鳶口）、挖槓或木棹，按大卯子指揮各司其職。木排行駛中，排前樹一旗幟，書明某某公司、料棧名稱，尚須攜帶排票、執照等一切證明手續。木排白天行走，夜晚擇地停靠。從長白至安東約需六十至九十天。木排進入安東停靠，綿延數里，等待外賣。此時大江之上木排雲集，旗幟招展，炊煙繚繞，岸上攤床林立，終日唱叫不絕，熱鬧非凡。

二、軟吊子

軟吊子排，俗稱洋木排。一些採木公司為減少放排費用，於一九一三年提出使用日本式編排法即軟吊子排。

軟吊子排編排先要在木材兩端十五釐米處用掏眼斧先鑿出一十釐米的方孔（腳手桿等小徑木則用木鑽鑽出圓孔代替掏眼），在水中用繞子先按節穿到一起，再用繞子將各節木材連接一起，每張排由九至十一節組成，排頭由五至七件組成，排上固定一根舵棒以供操縱，從排頭往後逐節加寬，最寬處約八米，全長六十五米左右。按鴨綠江不同水位、不同季節，木排組成數各異。長白—冷溝子每排一般四十立方米，冷溝子—臨江六十至一二〇立方米左右，最大可達一八〇立方米。

放排時每張排由兩人操縱（技術高超者一人也可），其中一人是技術員，開排時在排前手持舵棒，掌握航向，另一人按技術員指導用橙桿子（長四米左右、根徑五釐米）或木棹驅動木排正常航行，晝行夜宿，按段流送。

軟吊子排比硬吊子排在編放上具有很多優點和長處，如放排時間。由長白至安東可減少三分之二以上（軟吊子少則十七日，硬吊子五十日）時間，軟吊子每排約六十立方米，只需一至二人操縱，硬吊子每排一〇〇至一五〇立方

米，需 5—6 人操縱；軟吊子排水量小也可流送，用捻木連接，排身彎曲自如，易於操縱。硬吊子排幅寬，木材積載兩層，木桿串聯，不易變形，運行中受制甚多；軟吊子當年可達安東，硬吊子如無大水，常停滯途中待翌年運行；軟吊子編排簡單，工序少，硬吊子工序多費用大；軟吊子資金周轉快，當年收回，硬吊子遇小水年則需兩年收回，木料越年後變成舊料售出，降低了價值；軟吊子木材比之硬吊子利用率高等優點。軟吊子排不足之處，只用繞子串聯，不堅固，遇有洪水、礁石易於沖毀等。

為達到推行日式編排法之目的，採木公司與縣知事幾次交涉，縣知事陶立鴻認為推行日式放排法，將使我木把大量失業，報請奉天東路觀察使不予同意，其後採木公司又多次與奉天省公署交涉，最後於一九一四年才正式推行。

軟吊子穿排首先要去江邊割繞子。

繞子是山裡的一種小樹的枝條，又叫「笤條」。它們的枝條特別柔軟而又有韌性，可用來編各種筐和簍子使用。回來後，要在水裡泡，以便軟乎，好使，穿排時「順手」。木幫們喜歡砍這種笤條來穿排。

每個木場子穿排的臥子都垛著山一樣高的「笤條」，專門用來浸泡編繞子用的。

一捆笤條，一般要浸泡半天。

泡好之後，便開始編「繞子」了。

每一個木把都會熟練地從事這項活動。

用兩根或三根笤擰在一起，打成一個一尺半圓的圓圈，結頭用笤條壓好，這就是「繞子」。

編好的「繞子」，一堆堆地貯存在一處，單等著連接「排」的接頭處。

這種「繞子」怕乾、不怕水。

風一吹，乾燥了，易斷。可是一經水，笤條繞子更皮實，有韌性和拉力，最適合在船上排上和有江水的地方使用。

編好後，用工具將「繞子」送到穿排場上。

等到排木放在水中時，就把「繞子」用來固定連接每根原木的接頭處。

這樣的連接法使木排在江水中運行時轉頭和掉頭十分方便又便利靈動，很受東北木幫們的喜愛。每個「繞子」和木頭的連接處要用「排勾」釘上，使其牢固。

接下來，就是對木排進行穿制。

這是一種複雜的工序。

穿排的木把要會「走木」，就是在漂在水上的木頭上走來走去。經水的木頭滑，還滾動，如果不會使「走勁兒」，往往站都站不穩，還穿什麼排呢？

三、繞圈

還有一種穿排法叫繞圈編放排法。日式編排法，需在木材兩端掏眼，使百分之十的木材失去利用價值變成薪柴（每件木材兩端需各截去三十釐米）。為提高木材利用率，橫山、冷溝子兩個林場於一九六〇年試用鐵扒鍋子固定繞圈編排法，木材不再掏眼。由於鋼材供不應求，於一九六二年恢復軟吊子編排法。

一九七二年林業生產開始向機械化生產過渡，山上作業開始取消掏眼，為配合機械化生產，提高木材利用率，一九七三年全面取消木材掏眼，推行扒鍋子固定編排法，由於推行此法，使全縣木材產量增加百分之十，是長白縣木材生產的一項重大改革。

扒鍋子固定編排法，源於朝鮮，除在編排方面有所改變外，在資金消耗和放排上都沒有變化。木材不掏眼，把編排的繞子每三根盤成一直徑四十釐米左右的圓圈，用扒鍋子將各節木材通過繞圈連接成木排。扒鍋子用十二釐米的圓鋼製成 U 形扒鍋子。木排出水後將扒鍋子起出，運到編排場，經整形後重新使用，年損耗占百分之十。編好排，就開始流送了。

穿排的季節俗稱「做江邊活」，這時木場子掌櫃派「打扮人的」（專門負責組織幹活的把頭）帶上大洋，到村裡去，「請」木匠。有許多木匠早已自告

奮勇，請打扮人的喝酒，或三五組成一個「伙子」，和打扮人的講價。

那時，木頭像木櫃（炕琴）那麼粗，人站在前頭用銼子銼眼。那銼子，不會使的人，稍一偏手，小腿喇一聲就被破斷。

有一個叫王捻的山東木把，闖關東來東北，剛一落腳就和人上江邊穿排。在冷溝子排窩子他幹上了「水場子」穿排活。上活三天，一銼子飛了，小腿當時白茬茬骨頭砍斷了。王捻家裡就一個老娘，他一看，傻眼了，連連說：「別告訴俺娘！別告訴俺娘！她受不了！」

說完，疼得死去活來。大夥趕快用榆樹皮給他纏巴上，又給他吃上大煙止痛。可是之後不幾天，骨頭發黑，爛了，人活活死了。

這樣的事不計其數。

穿排的季節雖然已開江，但北方的天氣十分寒冷，一早一晚，江邊水還要結上冰。人在水裡幹活，天寒地凍，一下去棉褲「嘩啦嘩啦」響，都掛了冰甲了。

回到家，一擰多得，洗臉都用不了。

排穿好了，就是流放。

▌放排

木排穿完，放排的歲月就開始了，俗稱流放。

千百年來，人們不熟悉「放排」生涯，只能從一些零零碎碎的文字記載中或一兩張圖畫上去瞭解這一行當。有誰知道，這是一項十分危險又神祕的事業，充滿傳奇般的經歷。

如果說長白山開發最繁華熱烈的高潮時期，我們僅從木幫們在江上放木排就能看出來⋯⋯

一、祭　排

北方是流放的土地，是指從前朝廷將「罪人」流放至此；而北方的江河又是流放的江河，這就是指水上流放木頭⋯⋯

排穿制好了，該順江流放了。

但這時先要「祭排」。

祭排，就是放排前的祭祀活動，主要是木幫們祭祀一切和水以及水中的精靈有關的「動物」「植物」，如「龍」「魚」「龜」什麼的都在祭祀之列。

放排和行船一樣，木幫們崇拜「龜神」。龜是東北江河中常見的一種水生動物，但由於它常常活動在江邊的泥江和沿岸的土層之中，所以江水的起落、漲降都可以通過它反映出來。

它一漂上來，人稱「河神爺修府」，指龜要修窩，它一修窩，往往晃著身子打臥，使江水上漲，行船放排的人很害怕，於是就得在放排之前的祭祀中祭龜神。

在松花江的北流水，木幫們還專門要祭忌一個叫謝鴻德的人，據說他是這條放排水道的河神江靈，而據說，他的小名叫「小山子」。

他的像從前供在北流水（松花江）老惡河山下的一座古廟裡。

松花江沿岸有六八四十八個哨口，其中最危險的要數老惡河。

老惡河兩岸立陡石崖，水深流急，十分險要，水底下暗礁接連不斷。站在木排頂上的放排人，只能看見江水直打漩兒，看不到暗礁在什麼地方。木排放到這裡，趕巧了，平安無事闖過去；舵把不穩，碰上暗礁，木搭大散花，人捲進浪裡，不死就是萬幸。

傳說，有這麼一家子，就爺倆，爸爸和兒子，兒子叫小山子，剛剛十六歲，長得膀大腰圓。

爺倆靠放排掙錢謀生。

這一年，剛入夏，爸爸放排來到老惡河險灘。忽然天昏地暗，電光閃閃，雷聲隆隆，瓢潑大雨下得槓煙起，只聽「轟隆」一聲巨響，木排七零八碎，楊謙啊的一聲，落進漩渦打個漩兒就不見了。

爸爸死了，小山子買了豬頭、供果，到了老惡河邊上，一敬河神，二祭奠亡父在天之靈，之後，他就沿江而上，到山裡木幫去頂替爸爸放排去了。當小山子的木排又來到老惡河險灘的時候，他心想：爸爸死得好慘哪！為了不讓更多的放排人遭難喪命。他要探清老惡河險灘水下的底細。正在這時，從江底游過來一條一丈多長的小黑龍，這條小黑龍傍在小山子的木排前邊，把木排管住，向左向右，躲開暗礁，順順當當地過了惡河險灘。小山子站在木排上，仔細盯著小黑龍引導的航道，記住了水底下的幾塊最危險的礁石。從此，小山子的木排總是平平安安，跟著他一塊兒順流而來的木排，也能順順當當地流過險灘。

長白山老林子，木材無盡無休，大小木幫不下百十個，春夏兩季放排的人成百上千，哪能都跟小山子一起航行呢？碰上暗礁，撞碎木排的人，還是接連不斷。小山子心裡明白，不怕水急浪險，不怕暗礁叢生，難的是沒有人指引航道。於是，他就告別了木幫，來到老惡河險灘邊上的大山頂上，打石頭，壘了一間房子。在門前樹樁上掛了一口大銅鐘。和放木排的人約定：

如果江水平穩，他就緩敲鐘，木排就向右航行；

如果江水流急，他就急敲鐘，木排就向左航行。

小山子從個棒小夥子，漸漸地變成了白鬍子老爺爺，從春到夏，年復一年，來給所有放排的人指引航行。他死了以後，放排人集資，在這裡修了一座廟，紀念小山子對放排人的好處，也讓廟裡的和尚，照小山子的樣子敲鐘導航，從此，他成了這一帶的河神江靈。而據說「龜神」的本領太大，所以人們都很懼怕它。

而南流水和北流水還祭祀另一種「龜神」。

龜神的另一別名，又叫「江神」，這是人們對它的崇敬和情結，反映了木幫和自然的一種依賴關係。

在江中行船走排，人們怕大魚來作怪，於是在走排之前，還要祭祀魚神。

松花江一帶排工們供奉的一個魚神叫「鯉魚柺子神」，據關雲德剪紙提供，此神名叫突忽烈瑪發，這在開排前，是必須要去祭祀的。

二、整體祭祀活動

放排開排前，要有整體的祭祀。所有的祭祀活動，都要先從疊紙碼子開始，這是一種非常虔誠的活動。

紙碼，就是神靈的「名單」，以專人用黃核紙來疊。人要有威信，心要誠。

然後還要殺豬，帶上豬頭、魚和供品，上山祭把頭山神廟。

山神廟往往坐落在靠江一帶的山坡上，木幫們虔誠地奔上去，然後開始祭拜。

祭拜完了回到家中，要把豬頭燉上，所有的放排木把們吃喝一頓，然後燃放「起排鞭」，就是拿著鞭炮到江邊的山上去放，慶賀老排下水，出發。

燃放完鞭炮，重新回家取來工具，直接奔往江邊，這才開始漫長的放排歲月。

放排，這是一種木把與親人的生離死別，誰也不知道這一去是否能平安回

來，因此，每當冬末，當山裡的冰雪在一點點地消融時，木把的家庭就有了一種明顯的「分別」的意味，妻子們害怕這一刻的到來，這種情緒隨著季節而加重……

▌南北水道

一、南流水

　　東北有一個別名，叫「被江河雕刻的土地」，是指這兒江河眾多，而最出名的就是發源於長白山天池火山口的松花江和鴨綠江，它們是著名的放排古道。

　　鴨綠江，民間稱為「南流水」，是指此江從長白山發源，然後掉頭向西南流去，最後注入渤黃海。鴨綠江的名稱始於唐代《新唐書・江志・地理》：「南至鴨綠江北泊城七百里，故安平縣也。」可見鴨綠江是指水的顏色綠如鴨頭色而言，鴨綠江自古就是漂流木材的重要水道。

　　據《奉天通志》載：「遼陽省採木長白山，時皇后欲營佛寺，洪福源之孫重喜、重慶等奏長白山多美材，著發瀋陽軍二千伐之，流下鴨綠江使高麗舟載以輸出。」日俄戰爭時期，日軍大量的用木均取於長白山。他們在老林裡修築鐵路百多公里，如今沒有修成而荒蕪了的路基處處皆是，記載了從前世人對這兒的關注。日本人的鐵路，四通八達，上接平頂山、紅土山，下通鴨綠江。

　　另據《長白林業志》載，「光緒三十四年八月，設治總辦張鳳台赴省領款，乘排去臨……」結果這次張大人乘坐的木排在江中被撞翻，大人險些遇難。光緒三年（1877 年）清政府在鴨綠江口大東溝口設立「木稅局」，徵收「木排捐」。木排在開排前必須領取「排票」（也就是今天的營業執照）。而且排前要樹立一面旗幟，書明此排是屬於某某大櫃或公司、料棧。

　　排旗花花綠綠，各色各樣，老排白天行走，夜晚擇地停靠。從長白縣至丹東（舊名安東，後同），從前要走兩個月到三個月，有時水少要隔年返回。木排在江上和丹東入海口行走或停靠，等待外賣，讓木商們來挑選。此時，大江之上，旗幟招展，炊煙繚繞（木把們都在排上生火做飯），而岸上，攤床林

立，妓女遊蕩，小販叫賣聲不絕於耳，民間小戲和藝人演出紅火，真是熱鬧非凡。

木排因在江中行走，時間長，人要在上面生活，所以排上要搭「花棚」以供放排人食宿和儲存食物。

花棚子，是用木桿，將一頭削成尖平，插入木排木頭中間，架起架子，上面用樹皮搭成，有的苫上葦草或雨布，裡面鋪上松毛子，放上桌子，擺上木刻的「水神爺」（往往是一小木人）或是「神碼」（就是老排夫們供的老把頭的牌位，木板寫上字就可以了）。終日插著香。

每年一到木排下來的季節，丹東的大街小巷到處都是木把，除了各種客棧、店鋪接待木把外，家家都「接待」木把。這個季節是屬於木把的，這個地方是屬於木把的。當年在大街上，你只要提到你是木把，立刻就會有人和你嘮嗑。木把由於兜裡有了「錢」，他們也覺得自己是在人生最輝煌的時期，除了吃喝嫖賭之外，還幹出許多「有趣」之事。有的木把在這兒覺得世間一切「幸福」都嘗過了，活得也差不多了，幹點什麼事呢？

於是，他們買來西服，紮上領帶，戴上墨鏡，走上大街閒逛。走著走著看見了警察站在十字街口，於是走上去「啪啪」給了警察倆嘴巴。

警察一愣，問：「你是誰？」

木把說：「我是我。」

警察於是一個立正，規規矩矩地行禮。

木把大搖大擺地走了。

過後，警察知道了這是木把所為，氣得到處抓木把，然後關進監獄，或一頓毒打。

木把們在丹東有一個專門管理他們的組織機構叫槽子會。槽子本來是木幫們返回山裡時拖拉的一種「船」，上面裝著工具，人像縴夫一樣沿江而上，俗話叫「起早」。槽子會又叫「船幫會」，是一些木把、放船打魚的，總之在水中作業的行幫之人在一起活動的一個組織。只要你是「吃水上飯的」（指木把

和走船人）在這兒都是「家」，人人都可結拜成兄弟，互相幫助，渡過難關。有一種「江湖」的味道。可是既然有木把來，社會上的各種人也會通過槽子會來琢磨木把，對他們下手，前期的槽子會還給木把們做些事情，後來由於木排的大量到達，財源茂盛起來，槽子會的一些人逐漸被社會上各種複雜勢力利用和收買，有些人也幹起了坑害木把的勾當。民國年間的一天，長白山裡的土匪「天鬼」來找山裡的採伐大櫃金懷塔，因他二人是朋友，準備合開木場子，說：「大哥，怎麼咱們的木場子裡來了四十多個人伐木？」

金懷塔說：「誰領著？」

天鬼說：「日本人新谷由次郎。」

金懷塔說：「不對呀！採伐聯單在我手裡。」他順手掏出聯單（一種採伐的合理手續），天鬼一看，說：「大哥，不對了。他們手裡的和你這張一模一樣啊！」金懷塔明白了，說：「難道會出這種事？」原來，有一天他在「槽子會」裡和會長宋老太爺下棋，後來喝了點兒酒，醒來發現布衫不見了，一問，宋老太爺說讓「僕人」給拿去洗洗。他問聯單，宋老太爺說妥善保管。果然下晌，宋老太爺的一個女僕笑眯眯地把疊好的衣衫和聯單一塊兒送來。金懷塔明白了，這準是槽子會和日本人聯合幹的。日本人收買了槽子會的人，他們派出幾個女人，說是給木把洗衣洗襪，其實暗中幹著見不得人的勾當。當年的槽子會還以給木把介紹「靠人」的女人為藉口，從中漁利，這也是經常發生的事情。所以放排的木幫們常說：

木把放排到丹東，

上岸個個都發蒙。

吃喝嫖賭你不幹，

槽子會也要把你坑。

二、北流水

　　東北流放木材的另一條黃金水道就是松花江，民間稱為「北流水」，這是因為松花江從長白山天池發源，又浩浩蕩蕩地奔北而去，人們依據它的流向而起名。古老的松花江經由松嫩平原和東北平原，最後注入鄂霍克次海；南源到船廠（今吉林市）三百五十多公里，是從前著名的漂送木材的北流水。遠古江兩岸就生存著諸多的古民族，據考古挖掘發現，早在兩萬多年前的舊石器時代這兒就生存著氏族社會的晚期智人，被稱為西團山文化。這些古人類在松花江沿岸從事著採集、狩獵活動，在大自然的冷酷的環境中，與死亡搏鬥，一輩輩地生存下來，其中便包括原始人對森林的採伐，對木材的加工、製作。但由於考古中出土的木製品較少，留下的物品不多。從安圖寶馬山一帶出土的早期松花江一帶土著人使用過的石斧來看，說明早期的松花江人已用它在對樹木進行加工，製造出簡單的木器來使用了。可見那時已有了「木幫」。

　　木幫是一個整體的概念，是指依靠森林而生存的集團和氏族。而真正形成木幫文化則是在後來松花江木業和造船業的發展以後。

　　當我們注意到吉林省名時，人們才會瞭解到，吉林來自於「吉林烏拉」。吉林烏拉，滿語，是沿江靠川之謂；沿江就是指松花江，是指靠著松花江邊的一個地方，這就是吉林；而吉林，從前叫「船廠」，是指在這兒放木造船。吉林市的那巨大的市雕就是一個「木把」在搖棹放排，這把木幫文化生動地記載下來。北流水的歷史，就是木幫將長白山裡的木材通過鬆花江源源不斷地漂流下來，送到吉林市造船，這才有了這個奇特的地名。

　　明永樂十八年（1420年），朝廷為加強同北方諸多民族的管理與聯繫，派遣驃騎將軍遼東都司指揮使劉清率軍到今松花江畔的阿什哈達一帶（今吉林市小豐滿）造船，此後，在仁宗的洪熙元年（1425年）、宣宗的宣德七年（1432年）劉清又先後奉命來此造船。對於當時居住在這裡的女真人，明朝廷一方面設置機構進行管理，一方面也不斷地對他們的首領進行賞賜，於是這兒的大船

不斷地駛向北方的奴兒干都司，送衣送糧，這不但使松花江成了重要的交通水道，也使吉林市成為明朝時東北重要的造船基地，此後的整個清朝，吉林始終是古老而重要的船廠。康熙和乾隆多次「東巡」，在吉林的松花江邊感慨萬千。

從前造船，主要是用木材。

那些從長白山上伐下來的木材，通過北流水源源不斷地漂流至此，然後造船。

古時的吉林市，被稱為「江城」。百里的江面上，一艘艘木製大船排列在江水中，十分的壯觀。一有戰事或舉動，百萬艘大船列隊北上，進入松花江，直奔黑龍江，直達奴兒干都司治所，進行巡視和運送物資。那浩瀚的江水，載浮著浩浩蕩蕩的船隊，一路招搖，人聲喧騰，鼓樂悠揚，旌旗漫卷……

康熙三十一年（1682 年），康熙東巡來到吉林市，他站在松花江邊，作了一首《松花江放船歌》。詩中說：

> 松花江，江水清，
> 夜來雨過春濤生。
> 浪水疊錦繡縠明，
> 彩帆畫鷁隨風輕。
> 簫韶小奏中流鳴，
> 蒼岩翠壁兩岸橫。
> 浮雲耀日何晶晶，
> 乖流直下蛟龍驚。
> 速檣接艦屯江城，
> 貔貅健甲皆銳精。
> 旌旄映水翻朱纓，
> 我來問俗非觀兵。

松花江，江水情，

浩浩瀚瀚衝波行，

云霞萬里開澄泓。

　　由於有了這樣重要的歷史，木材的漂流業十分發達，木把們也把吉林（船廠）當成自己的「家」了。每當從北流水放排至此，都在船廠花天酒地，於是就產生了許許多多關於木把的故事來。

　　在這兒，還有一說：

松花江真奇怪，

木頭沉底石頭漂起來。

　　這主要是指「浪木」和「火山灰」。

　　浪木是被江水淹掉的樹木，經年水浸冰泡，形成奇怪的形狀，成了浪木藝術品。但由於這種木的質地十分堅硬，比重大於水，所以愛沉入江底，是松花江一絕。而石頭漂起來是指江上的「浮石」。浮石又叫火山灰，是長白山火山爆發出現的一種自然景觀。這種東西外表看似石，但卻漂在水上，因它比水輕，所以形成了松花江的又一怪俗。

　　設在松花江邊的打牲烏拉衙門掌管著這一帶的江面，木材的流送，造船，包括向北京紫禁城裡送貢。什麼人參、貂皮、東珠、鰉魚都是由這兒採伐捕撈送往京都的，而管理這裡事務的是官居三品的打牲烏拉衙門的總管，他直接歸北京內務府所轄，其中最出名的就是第三十一任烏拉總管趙云生。在他任吉林打牲烏拉衙門總管期間修纂了《打牲烏拉志典全書》，對東北的歷史、疆域、特產，條條有詳記，將松花江烏拉二百年間的冊報歸集在此，成了珍貴的歷史資料，並以七十二歲高齡出任伯都訥（今松原——古扶餘）副都統。

　　在吉林的松花江上，由於造船和放排每年都淹死不少的「木把」，因此北

流水松花江有放河燈的習俗。放河燈主要是在每年的七月十五日，俗稱「鬼節」，有後人的木把要給故去的先人送河燈，以示紀念，並說是怕木把的鬼魂們上岸。這是一種矛盾，又紀念，又害怕他們。從前的河燈是用糠皮子做的，也有使用各種木板或硬彩花紙做成。這兒的許多百姓和家庭的老人都會扎河燈，還有一條胡同叫「譚家胡同」，是專門做河燈的藝人街，許多人家買來，然後親自送往江邊沿岸，點燃後放在江水裡。隨著江水的流動，河燈一亮一亮地漂向遠方。據說這是在提示死去的木把鬼魂，每人選擇一盞，提著走上陽間來托生，因為東北的民間說淹死的人如果沒有「替身」，便永世不能「托生」。

看著河燈遠去，家人在心底默默地叨唸著故去的親人的名字：「×××，你來吧，在水裡待了這麼些年啦，是該回來了……」親人們都在流淚。

可是岸上，觀看河燈的大小孩子們都很歡樂。那是一種自然活動。沿江幾十里，河燈在江面上閃爍，一幅壯觀的景色，形成了「河燈節」。如今，松花江河燈已成為傳統的節日項目了，但它的起因都是來自於生活在這裡的人們對故去的木把們的祭祀和懷念。

水上生活

千百年來，無數長白山的優質木材，就是通過這兒的南北「水道」，運出大山，走向外界的。

一、出 發

據《奉天通志》和《長白林業志》載，木排因在江中行走，時間長，人要在上面生活，所以排上要搭「花棚」以供放排人食宿和儲存食物。

花棚子，是用木桿，將一頭削成尖平，插入木排木頭中間，架起架子，上面用樹皮搭成，有的苫上葦草或雨布，裡面鋪上松毛子，放上桌子，擺上木刻的「水神爺」（往往是一小木人）或是「神碼」（就是老排夫們供的老把頭的牌位，木板寫上字就可以了），終日插著香。

每張排必備的工具有大頭繩一根長四十米，以備攏排靠岸停泊；二頭繩一根繩長二十米，以備在江上行走連接或打撈時使用；吊繩四根，挖槓十根，木槌四把，「貓牙」十六根，串聯桿子三十根，繞子無數，然後才可開排。

開排要舉行一種儀式，由櫃上供香酒紙馬，殺豬放鞭，送老排上溜。排走一天，晚上停靠到「排臥子」（也有叫排窩子），這兒往往有「排夫房子」，有老頭看守，專門給排上的人做做飯什麼的。

但從前，根本沒有這種固定的地方，老排往往是放哪算哪趕哪是哪。晚上排一攏，靠岸便是家。

所以放排人什麼稀奇古怪的事都能遇上。

有時蛇進了被窩，有時老虎或黑瞎子上了排。許許多多奇異感受使放排的木幫文化閃爍著燦爛的光彩。

有一年，長白「王迷糊」大櫃的排隊放到蛤蟆川一帶，天黑了，夜裡停靠。走了幾天了，大夥累得不行，攏上排，一個個倒頭便睡。尾棹來了一泡

屎，就上了岸，想去江邊解手。

　　那時，二棹必須時時事事要經心，他一看尾棹上了岸，就咋也睡不著。等了一會兒，沒動靜，他心想，這小子拉線屎去了？碰上誰家閨女了？這一帶荒無人煙，也不見人家呀！

　　等了一會兒，還聽不見尾棹的動靜。他就喊了起來：

　　「二毛楞！二毛楞！」

　　這是尾子（尾棹）的小名，可還沒有回聲。他一想，不好，於是趕緊叫醒了大夥。大家舉著火把上了岸。好一頓找，在排尾老遠的地方找到了二毛楞。

　　原來，這小子困極了，邊拉屎邊睡覺，不知不覺躺在江水裡。屁股露在外邊，叫魚給咬掉半拉，這小子還呼呼地睡呢。後來大夥管他叫「魚剩」。

　　這樣的故事多極了。還有一回，臨江王盛閣的老排放到秧歌汀下的一個地方。天黑了，大夥就攏排靠岸，做飯吃飯，吃完便睡了。那天吃的是苞米子飯，還剩了半盆。由於大夥累，也沒動，就放在那兒。

　　半夜，小棹就聽「咔咔」的嚼飯聲。他迷迷糊糊地睜眼一看，我的媽呀，只見月光下，老排的飯盆前，一個女的正蹲在那兒，用小手抓飯，一把一把地往嘴裡填。

　　他嚇傻了。這深山老林，哪有人家呀。這是什麼精靈呢？

　　再一細看，那小媳婦還挺俊，梳著一門「小瀏海」，穿著一件藍格子花襖，個頭不高，還不到一米，就是兩隻眼睛錚亮，在月光下一閃一閃的。這絕不是人。他嚇得一蹬腿，「咔」的一聲，排上的「饒子」讓他蹬響了。那女人一聽，一愣，「蹭」的一聲站起來，飛快地跑了。

　　在外放排，無論是人是鬼，是鳥是獸，是魚是蛇，木幫之人和排夫都不能傷害它。這個女人跑了。小棹急忙叫醒了大夥。

　　大夥一看，飯盆裡的飯已被那個精靈造掉了一半，再一看木排上，那天夜裡冷，木頭上已結了一層白白的霜，霜上有一對花一對花的小腳印兒。但絕不是人的腳印兒。是什麼呢？二棹從前打過獵，他一眼認出，這是兔子的腳印。

頭棹點點頭，一擺手說：「睡覺！睡覺！」

於是，大夥什麼也不說，都乖乖地回排上，重新睡覺。像這類子事要多少有多少。

隨著排業的繁榮和發展，鴨綠江和松花江都產生了許多按江水裡程形成的固定的排窩子，這樣老排一到，有房子。往往是固定的村落，木幫還可以到山民人家裡投宿。

當然，這就產生了另外一種文化。

排臥子（排窩子）隨著木排的增多，相應地出現了許多旅店、客棧，也有「紅店」（窯子），於是產生了許多山民家的閨女或媳婦和木把的情愛故事。

木排在江上走，最後的目的是到達終點。南流水是安東（從前叫南海），北流水是船廠（現在的吉林市）。然後停在那兒，等著木材商（買主）來買。

木材商往往是「吃木頭飯」的一些有錢有勢的人，他們往往受僱於一些軍閥、地方官、買賣人家。排如到了南海，往往停靠在江灣海口處，讓木材商們上排去驗收看貨。

這些人十分苛刻，掐頭去尾最後買下，然後一手錢一手貨，打發木把們。木把們把排放到地方，他們的這「一季」活就算完成。

木幫們把排放到地方，這樣的季節往往也是他們最「幸福」的時辰。

讓我們想想，他們經過多少哨口和大惡河，出生入死地到了地方，如今手頭又有了錢，又到了熱鬧繁華的大地方，能不享樂一番嗎。

他們用生命和血汗換來了錢，捏在手裡，除了自己想用一用外，其他人想把他們兜裡的錢弄走的招法太多了。

這樣的季節，老實的木把吃虧上當的不計其數。

那時節，各個店鋪都設賭場，等待木把上鉤。

因經過幾個月勞苦，他們太累了，往往歇上一氣，這時就專門有「拉人」的（就像今天的導遊）對他們說：「兄弟，不出去散散心？」

「有啥可看的？」

「這可就多了。你要看啥吧？」

「吃。」

「吃有東福聚盛西福聚盛，水線包子，李連貴大餅……」

「玩。」

「玩有素玩花玩。素玩是各種遊戲城池；花玩保你兄弟花錢少，玩得痛快，絕不騙你！」

其實，全都是陷阱。木把們大都孤身，也沒摸過女人，往往被人領到「窯子街」。當年，安東的大十字街口兩側，大東溝的沙河口鎮一帶，全都是窯子，專門給木把們開的。有的公開講，是木把們養活著的。

木把往往被「領人的」領著，來到煙花街。打眼一看，各處貼著對聯，什麼：玉春樓裡春常在，待月亭前月恆圓。什麼：鴛鴦嬉戲三春水，鸞鳥笑游二月天。

「進哪家？」領人的故意問。

木把們往往不好意思，說：「哪家都中。」這時，早有「姑娘」（妓女）們出來，摟著木把的脖子拉進了屋。

妓院，窯子的牆上床上都掛著《青樓十二嘆》圖。

在各個店鋪，設賭的人往往拉住木把們說：「兄弟，來一把！」

「不玩！不會！」

「一回生二回熟嘛。來，試試手氣。看出來了！你手氣不錯。」

反正待著又沒事，也架不住勸。三勸兩勸就上了手了。一玩必輸。這時要不玩還趕趄，可架不住對方又勸：「兄弟，俗話說莊稼不收年年種嘛，你不能總輸。來，再來幾把。」

於是，越輸越想撈，幾把下去，錢都讓對方給弄去了。

民間常說：不賭不嫖不是木把。又說：「木把不是人，先走窗戶後走門。」

這句話的意思，是說木把什麼事都幹，像賊一樣，走窗戶，偷東西。

其實，最老實的是木把。

他們首先是被人騙了，於是他們開始恨這個世道，這才敢於做下那些事情。

當木把們兜裡有了錢，「享受」的日子裡，櫃上（木把所屬的那些木場子掌櫃）的人反而不見面了。不出來「保護」他們。其實這些人早躲在一定地方，整天吃喝嫖賭，並暗中觀察木把們的動靜。他們往往和店棧主串通一氣，專等木把們兜裡的錢花光了，或還不起店錢，拉了店鋪一屁股饑荒時，他們出面了。假裝說合，給木把們出店錢。其實，這是他們設下的圈套。

表面上，他們向著木把，又趁機和木把們簽訂了下一年的合同。其實這是一份賣身契，又把木把的「命」買下了。

大部分木把，在木材終點地，被各種人物用各種「招法」將他們兜裡的錢弄個精光，然後不得不返回山裡。

二、江驢子返山

返回山裡的人，民間稱他們為「江驢子」。這主要是從這兒回山，往往是一步一登高而逆水之行。有的櫃上要求木把們把「槽子」拖回去。這種槽子是一種拖船，上邊放著工具的棹把，木把們在岸上走，當縴夫。

那一條條粗粗的縴繩，深深地勒進木把肩上的肉裡。

哪有今天那《縴夫的愛》中唱得那美好的形態呀！「妹妹你坐船頭，哥哥在岸上走，恩恩愛愛縴繩蕩悠悠……」這一切只是在木把的夢中。

他們這時，其實已成了「櫃上」的牛馬，只有拖著木槽子返回山裡，再去周而復始地從事山場子和水場子的活，他們只能像驢一樣往回返，沒有吃，沒有喝，沿途吃苴麻菜，要飯，乞討，一步一步往回趕。

從木材集散地往回走，大抵是深秋了，那一早一晚的刺骨的寒風，使不少年老體弱的木把，走著走著就一頭栽在江裡山邊，從此再也爬不起來了。

天上，是哏嘎亂叫的大雁，地上是一具一具木把的屍體。這就是當年的鴨

綠江和松花江啊。

不拖木槽子的返山木把，要自個兒背自個兒的小夾板行走，扛自個兒的大棹，從丹東返回山上，千里路程，拿步量，一走要走上二十天到一個多月。

那時沒有道，走山野、老林子、草窠子，貼著石砬子的羊腸小道，他們一人背個小夾子，光著腚，反正也沒人，也沒衣裳。早上起大早，正晌午天又熱，走著走著一迷糊，掉下山崖的事時有發生。

到了家，一個個都成了「窮鬼」，造得不像人樣，兜裡又溜溜光。弄好的，給孩子捎回個小帽了，給媳婦扯條棉褲面包、回幾斤棉花，大部分人兜裡已一分一文也沒了。

有的眼瞅進了家門，自己覺得沒臉見家人，一頭撞死在歪脖子樹上了。木幫的命運就是如此。江驢子的名就是這樣得來的。

回去後，略作休息，頭場雪一下，山場子活又開始了。於是，木把們又去給櫃上賣命，又開始伐木頭、運木頭、穿排、放排，然後返回來。他們的命運繫在長白山的木頭上，繫在鴨綠江和松花江的水上，繫在那茫茫大山的石頭上，繫在老林中的荒草和野地上……

▌放排名稱

一、頭棹

　　木排上說了算的人就叫頭棹。頭棹又叫老卯子或大把。此人對山裡的種種規矩習俗要瞭如指掌，特別是水勢、江風、天氣、野獸、水鳥，等等一切，都要有所瞭解。俗話說「頭棹忙，二棹急，幫棹尾棹要拿穩」。大棹把主要是有看水的本領。走水放排眼睛要抓住水線，不然就不行。民間說的「排不抓水線，一流就完蛋」就是指這個本事。

　　從前，排上的頭棹端個大煙袋，往排頭一站，眼睛一動不動地盯著水，看是上水下水，清水渾水，文水武水。所說上水下水是指排在拐彎時，江水是傾斜的；往前流左為上，右為下。遇見上下水，右棹要緊搬。這時頭棹往往喊：「右邊，貓牙子咬住！」貓牙，是棹板子的名。棹板子上釘著一片鋼刺，叫貓牙。便於吃到木頭裡，抓住老排，能穩搖。

　　所說的清混（渾）水，是指水底下有「物」，清水往往是不深不淺的水；打漩渦的水是深水，往往「渾」；嘩嘩響的水是有石頭的水。放排必須記水記石。這是頭棹的絕活。排出不出事，全靠頭棹提前看出來。江道有規律，搬棹的要躲石頭，叫「看清渾水」。所謂文水武水是指一條江道上的快水和慢水，而且特別是兩副排在江上走時，要特別注意這種水。一江之上，靠甩彎處，上水為武水。武水厲害，往往嗆浪，起鼓；下水為文水，往往水深。這時要讓後排走武水，嗆浪減速；讓前排走文水，水深水穩，可以等一等，看著後排靠上來了才能共同上正流。

　　頭棹的經驗要十分豐富，要時刻留心後排。他往往總往後看，關心後排。如果到了「排窩子」（排靠岸歇氣的點）前排到了，後排一定時間沒影，他就會著急，說：「走下水，看不著後排了⋯⋯」如果排在下水方位還看不到後

排，那一定是出事了，立刻安排人從岸上往後跑，去搶救後排。

頭棹還要說話算數，他愛護他這一幫子人，到哪不受屈，不受欺，而且特別受木把的愛戴。

二、二　棹

二棹是頭棹的幫手。他往往替頭棹擔待各種事，讓頭棹一心一意地看水、記石，掌握方向。

主要是維護頭棹，照顧邊棹、尾棹。

開排前，他要做好一切準備，把花棚子搭上，放上斧子、排夫兜子、繞子、八鍋子、糧食，在花棚的小桌上沏上茶水，給頭棹喝。而且要考慮到下一個排臥子的吃喝拉雜睡。總之，他是頭棹的影子。

三、邊　棹

邊棹，又叫尾棹。他其實是排上的力工，他最吃苦，要依照頭棹和二棹的指示，不停地在排上跳來跳去。

邊棹的腳功要好。在排上走，腳要不利索，說滑下去就滑下去。抬腿時眼睛要盯住落處。腳眼配合，分毫不差。

同時邊棹的斧頭把要准和狠。他往往是看準哪節木排的繞子要開了，立刻趕上去釘死繞子，並且一錘完活。

排在江上走。拐彎時江石一撸，只聽「咔咔」響，連接木排的繞子立時開了，這時，邊棹要立刻補救，看準了開了的繞子，把八鍋子一拋，「關」在了木排上，然後斧落釘死。

稍一慢，排和繞子的裂縫就會更大；稍一不准，浪頭就要把八鍋子打進浪裡。邊棹走排、釘排、穿繞子，要找準時間差。他們往往是「小半拉子」而且要幹上五至八年的邊棹子，才能走上二棹和頭棹的人生里程。這叫「多年的媳婦熬成婆」。

放排人的規矩

木幫們最重要的信奉是木排在江上運行時的規矩。

當木材從山上運下來，運放到江邊穿排，等春天桃花水湧起，放排的季節就開始了，組織好人馬就要順江放排去流送，木把們只等上排了。

上排前先要在排窩子上「插香」，殺豬，供拜老把頭。實際上放排的木幫們供奉的是「水王」，就是龍王。

這時，排工們在「頭棹」的帶領下要齊刷刷地衝龍王案跪下，磕頭許願。主要是發誓。如這一排平平安安下去，回來，如何如何供奉等等。

然後大家殺雞，把雞血滴進酒碗裡喝血酒，一旦起排上了排，說話行為都要萬分注意加小心，不能說不吉利的話。在排上不能提「翻」字，如吃魚要翻過來時，就說「劃過來」；管筷子叫「順子」；吃完飯筷子不能橫放在碗上，要順著排的方向朝前順放；看到蛇，不能叫「蛇」，因蛇和「折」音相近，要叫「錢串子」。剛上排的小打，一句話說錯了，大掌櫃的就會立即把他趕下排去，永世不得上排。

這些習俗今天看來往往有些迷信色彩，但在當年都對放排的木把克服種種艱難險阻起過十分重要的精神作用。當年，北流水從撫松放到吉林（船廠）就要經過七七四十九個哨口，什麼「笑面砬子」「抽水洞」「馬面砬子」「老惡河砬子」「大姑娘砬子」，每過一個哨口，都足以要人的命。在今永吉縣上游的樺甸子，也就是松花湖上游的地方，流傳著老惡河哨口放排的故事。

當年，木把一到老惡河總是出事。放排出事有許多種，當然最危險的是「起垛」，就是排撞在懸崖上，靠水的衝力一下子堆起來，有半山高，堵住江道。這時就要求人「開更」（挑垛）。當年，在老惡河兩岸，單等開更挑垛「吃排飯」的人有的是。

老惡河水深流急，江坡度大，兩岸是懸崖峭壁，江水以下多暗礁，不知葬

送了多少人的性命。有一個叫謝鴻德的木把和他爹一塊兒闖關東來東北，他放排，經常水上水下地鑽，別人就叫他「水老鴰」。這水老鴰本是松花江邊的一種水鳥，羽翎銀灰色，勇敢矯健，喜歡在激流惡浪之中翻毛亮翅，大夥喜愛這種鳥，也都喜歡會水的謝鴻德。就在謝鴻德二十二歲那年，他老爹在一次老排「起垛」中葬送了性命，全指望他了。可後來，他也在一次放排中丟了性命，於是給他塑了一個像，立在老惡河江邊。

在任何一個地域，都有自然景觀與生活在這一地域中的民族文化相融合所產生的一種文化類別，我們稱之為「風物」文化，東北的長白山區，特別是鴨綠江、松花江沿岸，依據自然景觀而賦予了「木幫」文化色彩的一種「風物」文化特別豐富。這便足以說明在這一地域中關於森林的開發，木材的採伐、流送（放排）和使用歷史的久遠。

長白山裡的放排人依據這裡的山水走勢，可分為「山石」和「哨口」兩個方面來探測和記載這種文化。這既是地方風物傳說的一種類型，又是一些真實的地理和歷史的記錄，因而這些文化比一般的風物傳說具有更加重要的價值。

一、山　　石

自然文化同人文文化的相互融合產生出一種生動的地域故事和傳說，我們稱之為風物故事。由於木幫生活的紅火壯烈，使得鴨綠江的上游有一個地方叫「老虎圈」，這兒就流傳著一個關於木幫和虎的關係的故事，生動地記載了放排人的生活形態。據民俗學家張平考證，傳說從前這一帶有個老木把，叫王鵬年。

一年，王鵬年和三個老排夫，從長白府管轄的鴨綠江上游開出一張硬吊子木排，日頭卡山的時候，來到一個江臉子，把木排攏下過夜。這塊地方乍一看挺嚇人，江邊一溜挺高的大砬子，把江水遮得像扣上口大鍋，漆黑一片，水流到這裡黑乎乎地直打漩兒，排夫們都叫這兒為「鬼旋水」。木排到這裡，舵向擺弄不好，捲進漩渦，就會造成排散人亡。

那次放排正趕上大江漲水，水浪高，王鵬年老哥仨的木排花棚裡，鋪蓋和常用的家什都淹濕了，只好在這塊江邊攏住排，搭起馬架房，架鍋做飯住宿。他們吃完飯剛躺下，就聽馬架房前一陣嗷嗷慘叫，震得地動山搖，大家都嚇愣了，只見從老林子裡，蹭地躥出一隻大白額吊睛猛虎，兩隻眼閃著綠光，大嘴賽飯盆，接二連三地一陣撕心裂肺地慘叫。它前爪刨的沙土滿天飛揚，尾巴搖起像一節鞭，把碗口粗的樹掃倒一大片，老虎又跳又蹦，又踢又旋，又打滾又栽跟頭，折騰了兩個多小時才停下來。把王鵬年老哥仨嚇得連口大氣也不敢喘。這只猛虎折騰到第二天早晨，才趴在馬架房門前，喘著粗氣不動彈了。

王鵬年老哥仨細一看，原來這只猛虎受了傷，嘴巴子和臉腫得像磨扇那麼大，血盆大口張著，眼裡直流淚，朝他老哥仨直點頭。老哥仨看了心裡直納悶兒，山神爺（對老虎的稱呼）這是咋的了？

王鵬年一下子看出了門道，就和猛虎說：「山神爺，有什麼事求俺們說吧？」猛虎頭一揚，大口一張，眼神裡似乎讓人看看它的嘴。

王鵬年往虎口裡一瞧，明白了，原來是塊七寸長的三棱子骨頭，直上直下地插在虎口的牙膛裡，吐，吐不出來；吞，吞不下去，虎口老是張著閉不上。老排夫一尋思，害怕也沒有用，還是想個辦法救救它吧。

老排夫找了一根挺長的粗鐵絲，用鉗子彎了個鉤，樂呵呵地對猛虎說：「山神爺，你要忍著點，我們把你嘴裡骨頭撈出來。」說完，把長鐵絲彎勾掛在虎嘴中的骨頭上，三個人握緊鐵絲另一頭，一閉眼，兩手一較勁，「吭哧」一聲，把虎嘴裡那根骨頭拽了出來。

猛虎這下可高興了，就向左打了三個滾，又向右打了三個滾，圍著老排夫們轉了三圈兒，感激地點了三下頭，又跳又蹦，撒著歡兒鑽進了老林子。

老排夫們嚇出了一身冷汗，趕忙把鋪蓋卷和工具什麼的搬到排上花棚中，解開纜繩，匆匆忙忙開了排。打那以後，這塊就變成了老虎活動的地方，一群一幫的老虎，常常到江邊打食喝水，一來二去就有了老虎圈這個名。

那時，從長白府往南海放排，大約兩三個月一個往返。一眨眼兩三個月過

去了，王鵬年老哥仁又駕著木排來到過去搭救老虎的這塊地方，就把木排攏到岸邊打算休息。剛支上吊鍋淘米做飯，就聽江邊老林裡又「咔嚓咔嚓」直響，「忽」的一聲，被搭救的那隻猛虎又躥了出來，嘴裡叼著一頭三百多斤重的大野豬。到了老排夫王鵬年跟前，把野豬往地下一扔，朝老排夫們三點頭，嗷嗷歡叫三聲，一縱一跳地躥進老林子去了。

木把們常年在江水裡滾，在深山老林裡闖，人與獸之間就有了一種瞭解。也可能出於世道的險惡，人情不如獸情，木把就到殘酷的大自然之中去尋找安慰，於是編出了《老虎圈》的故事。總之，這種文化長久地在長白山的木幫中流傳，加強了人們對這一行這一地域文化的關注和瞭解。

傳奇性是這類故事的特點，而生活性又是這類故事的主題。

在鴨綠江松花江邊，望夫石、望兒石、寡婦山一類地名非常多，這些自然景觀都依附著一段淒涼悲苦的木幫故事和傳說。顯然，自然景觀是大自然造就而成的，人文景觀的形態卻可以說明這種文化的深刻和久遠。而這樣名字的山峰，都和「木幫文化」有關。據張平考證，在長白縣鴨綠江上游江心中，有一座二十多米高的石柱，好像一位年輕俊俏的媳婦，昂首俯視著江南，人們管它叫「望夫石」。

傳說，有一對年輕夫妻，男的叫王柱，女的叫二妮，原先住在山東某縣。一年連下了三個月大雨，莊稼顆粒不收，小兩口商量好，就一路討飯，漂洋過海闖關東，來到長白鴨綠江，搭個小窩棚住下來。王柱的窩棚邊住了一家，人們都叫他「劉不開面」。這傢伙長著尖頭、耗子眼、大下巴，對人奸詐刻薄，見錢眼開，一肚子壞水。他雇了一幫夥計，年年到長白山挖參，然後裝上木排運到南海（今丹東市）山貨莊販賣。這一年，劉不開面雇了一夥子人給他放排，往丹東運木頭，王柱當了木把，告別妻子就上了木排。從長白到安東，遙遙千里，哨口無數啊，到處是惡流險浪。

再說劉不開面，早已看好了王柱的女人。他一心巴火地想讓王柱死在江裡，他好霸占人家的女人，他於是派了一個「小棹」，暗地裡跟王柱上了排。

鴨綠江有個地方叫「二龍鬥」，這兒的水勢險惡，離老遠就能聽到浪頭嗷嗷叫，人們都說這是兩條蛟龍在鬥水，所以起名二龍鬥，不少木排到了這兒都葬身水底。眼看到了這裡，小棹按劉不開面的吩咐，趁著王柱在排頭察看水情，猛一下子把他推到江水中去了。劉不開面讓人們封鎖消息，不讓二妮知道信兒。他又備下彩禮，想娶二妮為妻。二妮能幹嗎？劉不開面得不到實惠，一來二去，就把二妮給攆出了屯子。二妮呢，她自信丈夫一定能回來。於是她在林子裡壓了座馬架子住下來，天天早上晚上兩趟跑到江邊去看，等丈夫回來。一個月，兩個月，一年，二年，二妮漸漸地想傻了。她從此整天頭不梳、臉不洗，天天坐在鴨綠江邊，等著自己的男人回來。這樣，一等等了整整五年，還是不見丈夫的影子。可憐的二妮，栽到江裡自盡了⋯⋯

二妮死後變成了一座二十米高的石柱立在江心。遠遠遙望，好像年輕媳婦領首凝睇，等待著自己的丈夫歸來呢。當地人們懷念這位忠貞賢惠的二妮，便把這座石柱叫「望夫石」。

二、寡婦山

鴨綠江在我國境內放排的第一站，長白縣橫山林場東北方向的一座高峰，民間俗稱寡婦山。這座山的形狀十分奇特，在高高的大山之頂，突兀地立起一石，那石又高又陡，亭亭玉立。相傳有一個老漢領著自己的女兒闖關東來到東北，落腳在鴨綠江上游的一個老排夫家裡。這家有一個老漢領著一個兒子，每日放排，忙忙碌碌。兩個孩子也相約定下終身。可是，就在姑娘和小夥子定好一季老排放完回來辦喜事時，排在門檻哨起了垜，兩位老漢和小夥子都葬身江底了。

姑娘不知道，站在山上盼望親人們歸來，最後累死在山上。不知是她的精神感動了大山，還是神靈也為之動情，反正從那之後，大山上突然長起一塊高高的石柱，從遠處打眼一看，活脫脫的一個女人站在那裡。從此，人稱此山為寡婦山。

大自然是這樣，而生活中，有多少女人從這家走到那家，她們都是木幫故事的主人公，是故事的傳播者和創造者，從長白縣的寡婦山到冷溝子排臥子就有七十九個哨口，其中有較大影響的故事就有《寡婦山》《掐脖黃》《頭道閘》《牛鬼蛇神砬子》《鵪鶉砬子》《南尖頭哨口》《黑溝門哨口》《上拱泉哨口》《兩江口哨口》《拱到老哨口》《兔子崖哨口》《轉水湖哨口》《老鼠頂子哨口》《雙猴崖哨口》《小老母豬圈哨口》《穀草垛哨口》《古塔峰哨口》《鷹嘴砬子哨口》《門檻子哨口》《大老母豬圈哨口》《滿天星哨口》《石撅哨口》《閻王府哨口》《金鑾殿哨口》《鴨圈哨口》等二十七個生動的「哨口」故事。而從這兒起排到從前的丹東，水路才走了六分之一，在剩下的漫長沿江旅途中，又該有多少「哨口」和「砬子」的故事和傳說呢。

　　「哨口」的故事和傳說，是東北長白山、松花江和鴨綠江流域文化中的重要的組成部分，也是一種重要的木幫文化類型，這是一種具有世界意義的「行業」和地域文化民族文化。對這部分文化的蒐集整理和搶救挖掘，還有待於文化人類學和社會學、民俗學、宗教學、考古和歷史學者共同進行，採用立體貯存的方式全方位地將這部分珍貴的文化蒐集和保存起來。

三、哨　口

　　哨口，是指江水不以平常的狀態流淌，不是因山勢陡而變化，就是因水勢猛而走樣，形成放排走船的危險地帶。鴨綠江和松花江岸邊，關於哨口的故事和傳說已形成民族民間文化的重要文化圈，也是「木幫」文化的典型形態，是非常有價值的一種地域文化類別。

　　如閔守禮蒐集記錄了這樣一段文字：

　　長白縣十四道溝，有一個小村莊，這裡住著百十戶人家，他們大部分是靠在鴨綠江裡放「木排」為生。村子前面的江面上，南北橫躺著一個大石條，像一道門檻攔在江中。

　　每有大雨這水一起一落，這裡白浪翻滾，江水咆哮，就像悶雷滾動，響聲

隆隆，有時還發出怪聲。雨過天晴時，水面蒙上一層薄霧，籠罩整個江面。放木排和使船的人，給這個地方起名叫「門檻哨」。這裡是放排和使船人的一道鬼門關，這裡不知葬送了多少人的性命，放木排的人一提起「門檻哨」，都不約而同地皺起了眉頭，他們怨恨地說：「要過『門檻哨』，愁壞老和少；水漲浪頭大，水落門檻高。」

這還是以前的事。後來，說不清從哪一年開始，「門檻哨」突然平穩了。傳說有這樣一個故事：在「門檻哨」邊的小村莊裡，住著一戶姓楊的人家，男的叫楊玉春，是個放木排的能手，媳婦叫王桂花，家裡就兩口子過日子。楊家生活過得也還算可以，美中不足的是沒兒子。他們想了多少年，總想生個胖娃娃，可是盼了一年又一年，還是沒有兒子，兩口子就這樣生了一塊心病。

忽然有一年秋天，楊玉春放排回來，一進家聽說妻子懷上孩子了，心裡那個樂呀，總盼著孩子趕快出世。

在一天晚上，夫妻倆剛上炕入睡，桂花迷迷糊糊地覺著從外面進來一條「小龍」，那小白龍全身都是雪白雪白的，還沒等桂花定神看清，一眨眼，又看著像個小小子站在面前，她一下子醒了，原來是做了個夢。可就在這天黎明時分，桂花真的生了個「小子」，樂得楊玉春給東家送信，給西家報喜，當爹的給孩子起個名叫楊萬。說也真怪，這孩子一生下來就像風吹的一樣，長得很快，一天一個樣，十天變了相。孩子長到七歲那年，個頭長得快趕上他爹了，身強力壯，膀大腰圓，成天隨著他爹下江放排。

爺倆可能幹了，每當來到「門檻哨」，他爹就像打滑溜一樣，木排順順當當就漂過去了。楊玉春心裡挺納悶，他思忖著，過去走到這裡心驚肉跳，自從我領兒子來放排，每次再過這「門檻哨」，就像駕雲一樣，忽悠一下子就過來了。後來放排的使船的夥伴也都說，如今「門檻哨」確實不像過去那樣擔驚受怕啦。楊玉春琢磨來琢磨去也琢磨不透。

這天楊玉春回家對妻子說起了這件事，楊萬他媽尋思了半天說：「唉，我想起來啦。該不是水龍王搭救我們來了。」於是她把那天生楊萬夢見小白龍的

事說了一遍。楊玉春點了點頭，自言自語地說：「我明白了，怪不得這孩子從生下來就有點和別人不一樣呢！他幹起活來就像個小老虎似的，別人扛一根木頭，他扛上三根兩根，連氣都不喘，別人串一張排得半個月，他三天兩天就串好了……」這到底是怎麼一回事呢？

原來傳說橫在江中那道門檻，它不是別的，它是水龍宮裡的鱉夜叉。當年在龍宮不守規矩，被龍王貶在江中為石。老鱉心眼壞，它想把自己化為石頭，於是把腰一伸，橫在江中，想叫那些放排的使船的都不得安寧。每次木排放到這裡，它就伸伸腰，撞散了不少木排，使很多窮苦的木把丟了性命。後來龍王知道了這件事，就親自讓三兒子「小白龍」來此鎮守「門檻哨」，保住放排人的性命。據說楊萬就是小白龍轉世投胎，託身在楊家。楊萬出世以後，鱉夜叉知道了他的來歷，所以對他更懷恨在心，總想害楊萬。龍王看出鱉夜叉的歹心，就將鱉夜叉石沉下江底，不准它再興風作浪。

楊玉春自從生了楊萬，日子越過越好。可是真不湊巧，這年村子裡得窩子病，楊玉春和老伴王桂花都病死了。爹臨死前對楊萬說：「兒呀，我死了之後，你自己再去放木排，可千萬要當心呐，『門檻哨』就是要命的關。到了那個地方，千萬要穩，不能發慌，一慌，手腳一亂，命就保不住啦。」

楊玉春死後，楊萬含淚把兩個老人發送到土下。從這以後，楊萬思索著，我跟爹爹學了一身放排的好手藝，怎麼能把這些手藝拿出來幫助大夥？為大夥做點兒好事呢？

這天楊萬從安東（丹東）放排回來。走到「門檻哨」，就和大夥說：「我從今天起就不回去啦。我就在這『門檻哨』邊住，木排下來我就去幫著板板棹。」楊萬這麼一說，大夥都很贊同，於是大夥幫著他在江沿邊搭了個小窩棚。

打那以後，楊萬就住在江邊小窩棚裡，他看木排下來了，就跳上去幫助人們安全渡過「門檻哨」，人家走了，他再回到小窩棚。天長日久，年復一年，大夥都對楊萬的為人十分欽佩，非常喜愛他。有的夥伴回來，常給楊萬帶些新

鮮的肉食好酒。到了冬天，窮哥們兒還給他送衣服，見了面總是問寒問暖的。

這天晚上，楊萬躺在小窩棚裡，睡得正香的時候，忽聽板門唰一下開了。楊萬抬頭一看，原來是一個白鬍子老頭走了進來。老頭身穿紅袍，頭戴氈帽，足蹬筒靴，手裡拿著一把蠅甩子，滿面紅光，稚聲童稚地說：「吾乃龍蝦王是也，今奉龍王旨意前來召小王回宮。」

就看老頭把手裡的蠅甩子往楊萬身上一甩，楊萬覺得身上一陣輕鬆，唰一下就成了一條潔白的小龍。小白龍跟隨龍蝦王回到了龍宮。老龍王手拈鬍鬚笑容滿面地說：「我兒到了人世為民除害，功勞不小啊。兒呀！我有心將你的肉體化為石柱立在岸邊，鎮守那鱉夜叉，你意下如何？」小白龍一聽高興地說：「兒我願從父命。」「好，從即日起，你就不要回去了。父王已有安排。」

轉過年，放排的人再不見楊萬下來幫忙了，但老遠就看見「門檻哨」邊上多了一塊高大的石頭，個個驚奇地問：「往年沒有這個石塊，今年怎麼突然出來一塊大石塊呢？」到眼前再一看，這個地方原先就是楊萬住的那個小窩棚。小窩棚怎麼變成了一個大石塊呢？後來人們才知道，它就是楊萬的化身，他住在這裡是保護放排的窮哥們兒平安放排、使船的。「鱉夜叉」每回伸頭看看石塊，總以為小白龍還在那裡看著它，就把脖子縮回去，從此再也不敢輕舉妄動了。

稀奇古怪的「哨口」，形成了諸多豐富多彩的文化，這種文化，帶著濃郁的地域色彩，以清新的藝術魅力向人們傳達著木幫文化類別的獨特性，並保留了中華民族傳統文化的頑強生命力，是自然文化與人文文化相融合而形成的一種文化。

其實放排人能順利地通過「門檻哨」，只不過是他們自己多年摸索出來的克服危難的經驗。

在下活龍境內的鴨綠江上，有一段哨口，看去水層淺，可水流蠻急，當地人管這個哨叫「後老哨」。後老，是後老婆的意思。為什麼起了這個稀奇古怪的名字？

據說早些年在下活龍這個地方住著十多戶人家，主要靠上山挖棒槌和下江捕魚為生，那時這一帶的江面水平如鏡，大魚小魚成群地圍著船幫打漂兒。山上棒槌多，江邊土地肥，江邊住著一家姓門的。男的叫門生，媳婦勤勞賢德，生了個兒子叫鐵蛋，一家三口日子過得很紅火。門生是個放山的，每到放山季節，他就領著一夥人上山挖棒槌，一去就是兩三個月。有年春天，鐵蛋他娘突然得病死了，門生很難過，俗話說：「老婆家，老婆家，沒有了老婆不成家。」一個光棍帶著不滿十歲的兒子過日子，既要當爹，又要當媽，日子可真難啊，最後，他打定主意，要給鐵蛋找個後媽。說來也巧，村裡有個從外村回娘家的張寡婦，別人給一撮合，這門親事就成了。門生娶了張寡婦，剛開始兩口子恩恩愛愛，後娘對鐵蛋還好，鐵蛋對後娘也親。第二年又到了放山季節，門生又要去放山，就把鐵蛋交代給他後娘了。

　　俗話說，後娘的臉，臘月的天。鐵蛋他爹一走，張寡婦就翻了臉，原來她是一個狠心的女人，她想，以後自己生了孩子，不能獨得門家的財產，於是便起了歹心。她一會兒也不讓鐵蛋閒著，幹完這活兒派那活，給鐵蛋吃的儘是殘湯剩飯。這還不算，幾次把砒霜拌進鐵蛋的飯裡，幸虧鐵蛋有個心愛的大狸貓，一看到放砒霜的飯，就把碗給踢翻了。狠心的後娘又在鐵蛋睡覺時，把犁杖壓在鐵蛋的心窩上，也被大狸貓扒拉掉了（這是一種傳統故事的敘述方式）。

　　張寡婦幾次沒害死鐵蛋，生怕男人回來，錯過機會，便拿出了最後一手。

　　這天晚上，她來到鐵蛋屋中，拿出她事先準備好的幾樣東西，惡狠狠地對鐵蛋說：「好小子，咱倆沒緣分，今晚叫你死定了，你愛怎麼死法，由你自己挑選，這是砒霜，這是刀子，這是繩子。你就給我痛快點吧！」鐵蛋知道沒什麼指望了，便含著淚對張寡婦說：「娘您既然容不下我，我也不想活命了，只求您讓我再和爹見上一面……」正在這時，門外傳來咚咚咚的敲門聲，鐵蛋一聽是爹的聲音，立刻從地上爬起來要去開門。張寡婦知道大事不好，忙操起菜刀，向鐵蛋砍去，鐵蛋嚇得眼睛一閉，大喊一聲：「救命啊！」便昏倒在地。

張寡婦也顧不得看鐵蛋死了沒有，急忙從後窗戶跳了出去，直奔鴨綠江邊跑去。

再說門生在外面不見開門，又聽到裡面鐵蛋的呼救聲，忙踢開門進了屋，見鐵蛋倒在地上，身邊還放著幾件凶器，心裡就明白了，他順著後窗跳出去就追，只見張寡婦影影綽綽到了江邊，撐開小船向南划去。門生趕到江邊，正想找只船去追，就在這時，突然捲來一陣「呼——呼——」的狂風，只見天空有一個長條子大石頭鋪天蓋地直奔張寡婦，不偏不歪地砸在張寡婦頭上，把她深深地壓在江底。從此，這裡就變成了非常湍急的哨口，人們就叫它「後老婆哨」，叫來叫去，天長日久，就變成「後老哨」了。

民俗學者韓吉泉蒐集的這段「後老哨」的文字十分重要，人們把傳統文化的「後娘」形態融進「哨口」文化中去，這是木幫文化的創造，也足見「哨口」文化的豐富內涵，不單有夫妻的恩愛和思念，也有「後娘」文化的類別，可以說明木幫文化能完整地記錄和反映生活的整體。木幫放排往往長期離開家，離開妻子和孩子，而這又都是他的骨肉，出於一種對骨肉的憐念，一種抑惡揚善的木幫文化通過「哨口」文化便得到了更充分的表現，而且十分具體和生動，不是作家文學所能比擬的。

許多「哨口」的傳說和故事，又往往具有珍貴的自然科學的價值，對人類學、歷史學、地理和古氣候學都有重要的參考作用，因為這類文化往往又是木幫們在從事木業生產過程中多年來所摸索和觀察出的體會，有許多豐富的經驗在內。

比如孟隱華記錄的「抽水洞」和「秧歌汀」的故事就是歸集了許多自然科學的知識和現象，不論是多年在長白山上做木頭活的老木把，還是在鴨綠江上放了多年木排的老把式，提起抽水洞和秧歌汀來，你就看吧，呼啦一下就會把臉陰下來，接著就能臉發白，喘粗氣，再下去就要流出淚哭出聲來。為啥呢？這地方是木把和船工們的鬼門關和斷命台啊。

在早，做了一冬木頭活的木把，春暖花開時要回安東與家人團聚。都要順

著這條水出山。那放排的更不用說，只要江面上一開封，就要順著這條水放木排到安東。那時雖說都知道走這條水路是九死一生，可走旱路爬高山過險嶺，狼虎和強盜遍地都是，誰敢帶上一年掙的血汗錢去走這條路啊，沒辦法，明知道水道危險也得硬著頭皮闖。

抽水洞和秧歌汀這兩個哨口到底是什麼樣兒呢？人們坐的是當時鴨綠江上通用的平底木船，這船在南方叫舢板，在這叫槽子。從上游下來，老遠就能聽到哨口的水響聲。船一進這兒就不穩當了。舵把好像失了靈，篙下去扎不到准地方。那船頭東扎一下西扎一下，也不走正道了。

當靠近哨口時，已看不見水流的方向了，只見白花花一片，那上面浮著一層層的白沫子，到處像噴泉似的向上翻著水花。

木排走到這地方，往後一看，有半畝地那麼大一塊江面，四周高中間低，飛快地打著漩兒，這就是抽水洞。一不小心，木排捲進漩渦，不管你的木排有多大，就像柳樹葉似的跟著那水打漩兒，越轉越快捲到漩渦中間，等不到數完十個數，木排頭一搖，連人帶船就沒有影了。

等走下去二里地才能看到破木板和破衣褲。這就是抽水洞的厲害。

再說秧歌汀。在抽水洞的右邊，只見有許多齜牙咧嘴的怪石頭立在江面上，江水一到這地方就亂套了，左衝右突，東翻西折，排要闖到這裡邊，那就糟了，也就是一眨眼工夫，就會排碎人亡。平常這裡的死屍不斷。最多的時候四五個聚在一起。時間一長，江水就把這些灌死鬼的衣裳剝下去了，那一個個被冷水浸泡的屍體，就在亂石中間隨著翻滾的江水東立一下，西挺一下，左擺一下，右搖一下，再加上胳膊亂動，就像扭秧歌似的。正是這種情景，人們才給這地方取名叫秧歌汀，是指死人「扭秧歌」。民間文化比喻得多麼形象。

抽水洞和秧歌汀這麼凶險，可也有一條生路。

就在抽水洞和秧歌汀中間，那是一條窄窄的航道，叫木梳背兒。這條航道非常怪，不長一段還形成一個月牙彎兒。有經驗的老水手都知道，要闖過這哨口非準準地順著這個木梳背兒過去不可。差一丁點兒，往左就進抽水洞，往右

就進秧歌汀。一進去，不用說，明年這個時辰就是你的週年……

　　一年春天，不知從什麼地方來了一對年輕夫妻，緊貼著江邊靠近抽水洞、秧歌汀的地方，蓋了一座小茅草房。男的叫百合，長得濃眉大眼，臉色黑裡透紅，肩寬個大，手腳麻利；女的叫蓮香，長得眉清目秀，兩隻大眼睛水靈靈的。兩個人都是山裡莊戶人家的打扮，一身家織布染著藏青色，朴樸實實。兩口子見人不說話，只是抿著嘴笑。

　　自從這對夫妻在江邊出現以後，木把和船工們可得救了。只要隔三差五遇上船、排出現，蓮香就把繡花線團兒一拋，扔進江裡。那線團兒也怪，不管水多大，浪多高也不沉。只要你看準那線團，把船、排頭跟上，保險能闖過灘去，如果排失去控制百合就會像一支射出的箭，從茅屋中衝出來，來到江岸邊在亂石尖上一蹦一跳越過江面，就輕輕地飄落在你的船上、排上。他把舵把接過去，那船、排一到他手裡，也不跳也不打橫了，就是已經衝進抽水洞的漩渦裡或是迷在秧歌汀裡，也會順溜溜地歸到木梳背上，平平穩穩的。等到百合把船、排送到安穩處，只見他把褲角挽巴挽巴跳到水裡，從小腿肚子往上全露在水面上，就像在水上漂浮著一樣上岸去了。

　　多少年來，百合和蓮香不知救了多少人的命，這對年輕夫妻對人有說不盡的好處，有些江上熟客捎來了珍貴的禮物，要送給他們，作為報答。但是，百合最多收下一壺酒，蓮香最多留一縷五彩絲線。有時船工們死死留住百合不放，他也只好喝上兩口酒就走了，從不收人家的財禮受人重謝。

　　據老年人說，這對夫妻從明朝就出現了，到前清時還住在這兒，少說也有幾百年。可一代代的木把和船工見到的他們還是那麼年輕。開始大夥都沒放在心上，後來時間長了，人們就暗暗嘀咕起來，這是昨天的事呀……

　　人還有長生不老的嗎？漸漸的人們猜想到了「哎呀，這不是凡人啊，是上世的仙人哪！」後來沿鴨綠江上上下下幾百里，人們都傳開了，說這對夫妻是河神派來的江仙，也有的說是南海觀音蓮花座旁的神童，是專來搭救江上放木排的窮苦人的。

說話到了大清末年。有一年又有一船人出了事。百合把他們都救出來。送到了平安處，臨走時說了幾句話：「你們可記住啊，從今往後中國要遭難了，眼下從北邊就要有紅毛鬼子闖進來了，我也要搬家了，你們再過這哨口可得小心啊！」平時他不說話，只是見人笑，這回突然說話了沒笑，只是依依不捨地點點頭轉身下船走了。

　　又過了些日子人們再從這經過，不但那對夫妻不見了，就連那座茅草房也沒留下一根草刺兒，人們到處打聽也沒查出下落。這時人們才明白，這是江仙飛走了。沒過多久，沙皇就派兵闖進東三省，到處姦淫燒殺，無惡不作，可是這些強盜幾次想乘船順鴨綠江去安東卻在那個地方餵了王八。人們都說那是江仙顯靈了。可是中國人誰過這個哨口時，只要你往江上灑上一盅酒，或是扔下一縷五彩絲線，默念一句：「求二位江仙保佑……」那你的船、排都能像從前一樣，平平安安地渡過抽水洞和秧歌汀去。

　　關於「水神」和「江仙」的傳說，人們往往以為是生活在這一方一土的人的一種杜撰，甚至有人以為是迷信，其實是他們根本不瞭解人們所創造的「神」或「仙」的過程。這是典型的地域文化的特徵。

　　地域文化是一方一土民眾根據自己生存的切身體會所創造出來的一種文化，在他們依據傳統文化色彩表現觀念時不能不摻雜進自己的一種認識，而這種種認識是屬於他們對自己的身邊事物的直接感受和總結，有其重要的科研價值。

　　比如這兩則關於「哨口」「汀」的傳說，是講「江仙」水神來保佑人們平平安安渡過哨口的事，因此人們每每過此，都要擺供，向江水裡灑酒給「江仙」。其實這是對放排人的一種提醒，要注意安全。

　　實際上，這反而從一個側面記敘了木把們的生存體會。

　　大家都知道酒的作用，能驅寒壯膽，人在危難時喝上幾口酒就可以產生巨大的能量；祭祀完，人也要喝上一口。這種文化是藉助於向神來「敬酒」使自己強大起來，清醒起來，以戰勝險惡，減少死亡。我們在排除「供酒」的宗教

意義之外，不是仍然可以看出這種儀式或行為裡面的科學意義嗎？

在現實生活中，特別是在中國東北這種特定的生存地域中，這種貌似宗教行為，其實飽含著豐富科學知識的「宗教行為」很多，而從前，我們往往簡單甚至輕率地將其捨棄掉了。

比如放山挖人參，為什麼「快當繩」是紅色的？（快當繩，就是一條紅繩，一邊拴一個大錢兒，遇到人參時用紅線圈上）人們傳說，遇到人參用快當繩一圈，拴上了人參，以免讓「山孩子」（人參）跑了。其實，不完全是那麼回事兒。

因為山上草和樹都是綠色的，發現人參用紅顏色的繩一拴，就和綠色有了區別，再挖時就不易花眼。這是記錄了在紅色繩子的宗教意義之外的重要的科學經驗。

我們都知道，一些常見的文化事項，如果採取簡單取捨或輕易下結論的方法，就容易把一項重要的命題完全搞錯，失去了對應有文化內涵的挖掘和認識。比如人人都知道的義和團刀槍不入的戰鬥本領。傳說當敵人進攻時，義和團往往赤膊上陣，因為他們刀槍不入，而這刀槍不入是因為大法師給他們喝了符。每每戰鬥前，大法師都在黃表紙上寫上符，然後點燃靈符，燒著後投入缸子裡的水酒中，隊員人人都喝，謂之「喝符」。據說喝符後上陣，便可刀槍不入。其實，人不會刀槍不入的；但因那符是「硃砂」所寫，符點燃後投入酒內的其實是一副中藥——硃砂鎮靜劑。中醫都知道硃砂是上好的鎮靜藥，在衝鋒陷陣之前，吃上一副「鎮靜劑」，就可保持頭腦清晰，雖不能刀槍不入，但也可以減少死亡。這難道不是深藏在這種「喝符」「吃符」宗教儀式背後的一種科學經驗嗎？

木幫文化所反映出來的許許多多宗教儀式文化中，也有豐富的木幫開髮長白山的經驗和體會，需要我們科學地去對待這種文化，不可完全地以迷信或純宗教定論地將其排斥掉，這是一種有重要科學價值的地域文化。

哨口傳說的另一種類別，是記敘了木把先人對長白山開發的歷史功績，是

一些重要的「人物傳記」。在松花江流域有兩個「老惡河」的傳說，我們可以從中看出這種文化對木把的功績的歌頌和對開發者的崇敬和紀念。

據羅林蒐集的一個「老惡河」的傳說，記載在中華民國的時候，從老惡河往上，有十三道檻兒，叫十三道惡河，有四十里地遠。就是這一距離把水勒的，離二十多里地就能聽到水嗚嗚響。到眼前時，兩人對面高聲說話都聽不清。水聲震得山都嗡嗡響，每一個大浪花都有房子高。這十三道惡河，個頂個兒都這樣險。放木排時，四十里遠，抽一袋煙兒工夫就順下來了。老惡河那兒有個廟，是韓登舉蓋的。過去都說那兒有河神，是個老王八精，有小房子大。下面是大葳子攏木排的地方。下晚兒，木排上的人整木頭時，能聽到它叫。像牛叫喚似的，嗚嗚的，震得大河嗡嗡響。凡是做木頭的人，沒人敢碰它。

提起這老王八精顯聖，放木排的人都說：木排上有個看道兒的，叫謝老鴰，木排上的一般人那時才掙一千弔錢，他打頭棹掙一萬弔錢還不知足，總想發大財。每回放排時，當財東的得準備香火、供品，上廟給河神磕頭，保佑木排順順溜溜到吉林。廟裡有個老道，還要給他點錢。當木排從上邊下來走岔道的時候，老道兩手拿著鼓槌兒和鐘錘，同時敲鼓敲鐘，告訴木排上的人要加小心，不要碰上河裡的大石頭。有一天，謝老鴰帶著香火和供品到河神廟許願。他點上香，擺上供品，跪在地上給河神磕了三個頭說：「河神爺呀，你保佑我。我要是做木頭發了財，一定重修這座廟。」之後，他一年發小財，兩年發中財，三年發大財。發財年頭多了，五年還不修廟。錢掙多了，就把修廟還願的事兒給忘了。

有一回，謝老鴰又從老惡河上放木排下來，木排一下子拱到那渦子裡去發，扎十二個浪花。這十二個大浪花要豁命闖過去。要是沒命的，碰在哪個石頭上也都完了。碰一下就像打雷似的，木排就碎了。謝老鴰那木排上八個人，下江道走得正著，木排也沒撞著，順溜地就從水牆腰上下來了。結果那大浪一掀，木排嘩啦一下就兩半了。七個人分站在兩邊，都順順當當的，就順當間單把謝老鴰給漏下去了。木排過去後，他身上披著紅，跟娶媳婦披著紅似的，在

浪花上坐著。十二個浪花，他坐了十個，再下去就沒影兒了。傳說那個謝老鴰也成精了。

　　老惡河的另一個傳說，是我們民間文藝家協會長白山松花江踏查小分隊於一九八六年七月間在長白山一帶蒐集到的。據考證，南源松花江沿岸有七七四十九個哨口，其中有個哨叫老惡河。而這和上一個「老惡河」的傳說不同。

　　還有好幾個「老惡河」的故事，各有不同的敘述方式，都是極其珍貴的木幫文化，隨著時間的推移，一些講述人逐漸地故去了，這種類型的文化成了重要的地域文化。

「南流水」主要哨口

「南流水」主要哨口比北流水要多，其原因是鴨綠江是一條早年的放排古道，中原地區和朝廷急需的許多木材都是從這條放排古線上運出，又從海上裝船，運向外界的。

鴨綠江放排，從起點長白的寡婦山到安東（現丹東）的入海口，從前硬吊子排得走兩個多月甚至三個月才能到達，流放時間之長是世界之最。從前由於時間長，故障多，只能隨波逐流，有時人上排好好的，可是再也回不來了。所以排夫一上排就要作生離死別的準備。

人們漸漸把這漫長的距離分割成四段來運行：

第一段，從寡婦山上游（從前叫卡拉密，現朝鮮境內）至長白縣，全長九十公里；

第二段，從長白至臨江（望江樓），全長二七〇公里；

第三段，從臨江至關門磋子，全長一八〇公里；

第四段，從關門磋子至安東，全長二五〇公里。

南流水究竟有多少重要而險峻的惡河和哨口，現在我們一一地介紹一下。

清代張鳳台在《長白匯征錄》中記下了鴨綠江各哨口的名稱並畫了圖，大致相同。《臨江縣誌》《臨江鄉土志》也列出：

十九道溝、大馬鹿溝、門檻哨、小馬鹿溝、梨樹溝、惠山鎮、萬寶岡、兩江口、十八道溝、小老虎哨、翠圈磋子哨、石龍哨、石牆子哨、十七道溝、轉白湖、半截溝、三個腥哨、十六道溝、穀草垛、東乾溝、西乾溝、大門檻子哨、十五道溝、二門檻子哨、分江石、十四道溝、滿天星、黑驢子哨、煙袋鍋、跑子石、對子石、十三道溝、小冷溝、馬當子、十三道灣、三個腔、大驢圈、十二道灣、船塢子、十二道溝、小孤山、老母豬圈、老虎圈溝、金廠、小南川、十一道溝、十道溝、穀草垛、蛤蟆川（上）、蛤蟆川（下）、九道溝、

三個腔、峽心子哨、八道溝、七道溝、東馬鹿溝、黃石哨、大龜哨、三龍門、西馬鹿溝、大龜哨、二龜哨、夾皮溝、雲道溝、小門檻子哨、五道溝、樺皮甸、馬鹿溝、滿天星哨、老母豬哨、黑驢子哨、跑馬子哨、穀草垛哨、望江樓、梨樹溝、黑瞎子哨、馬面石、五道溝、四道溝、小羊魚頭哨、長川、煙囪溝、下套、黑松溝、二道溝、臨江縣、頭道溝、平溝子、梨樹溝、當戶哨、望江樓、大栗子溝、大白哨、四人把哨、小葫蘆套、葦沙河、滿天星哨、石灰溝、錯草溝、大葫蘆哨、雞心溝、白馬浪、二馬駒哨、大長川、天橋溝、仙人溝、三道溝、二道溝頭、頭道溝、大水堤台、將軍石、樺皮甸子、王八脖子哨、石湖溝、石板鋪、滿天星哨、楸皮溝、良民甸子、三回腔、豬油瓶哨、葫蘆花上套、葫蘆花下套、望江樓、壁新子哨、黃柏甸子、長川、會凳子哨、礦洞、羊魚頭、東明王墓、三個腔、輯安口、大通溝、鍋坑哨、鞍子哨、馬頭溝、上火龍蓋、高條哨、下火龍蓋、南頭哨、喉嚨子哨、右平溝、五股流哨、耍孩子哨、金溝、媽媽哨、黑溝、紡車子哨、紡車哨、五祥關、穀草垛、閻王殿、榆樹林子、涼水泉子、往上走、馬面石、太平灣、沙河子、大東溝、安東（丹東）。

從長白十九道溝到丹東總共有一百六十三個危險哨口。《長白匯征錄》中，有《鴨綠江心各哨圖》。具體有這樣一些來歷：

1. 寡婦山

這兒地處長白縣橫山林場以東三十里處，一座大山尖上，孤零零地立著一石柱，遠遠望去，恰似一個婦人，雙手抱在胸前，抬起頭，注視著遠方，而遠處，就是滔滔奔流的鴨綠江。

相傳從前有個放排的，一次在老林裡撿到一個餓昏的女子。這女子是山東逃荒來的，尋找闖關東的爹和哥哥，尋不見，又冷又餓，昏倒在林中。後來，她和放排人結為夫妻。二人恩恩愛愛，形影不離。

這年，又到了老排上路的時候了，男人告別妻子，說等秋後從安東回來就領她回關裡的家，看望老人。

妻子和丈夫灑淚而別。男人放排走到「穀草垛」哨口，一下子撞在石砬子上，排毀人亡了。妻子在家，一直等到老秋，也不見自個兒的男人歸來。

天上的大雁一排排向南飛去，冬天快到了，還不見男人回來。

排伙子們一個個地回來了。大夥怕傷她的心，誰也不告訴她真情。於是她天天站在山頂上瞭望，希望看到丈夫回歸的身影。一年年過去了，人們發現媳婦不見了，山下的小木屋裡頭空空的，她哪去了呢？

後來，人們發現了一個奇蹟，她屋後的山上突然長出一個石柱，而且一年比一年高，從遠處一看，活生生的一個女人站在那裡。

大夥知道，她想男人想瘋了，變成了一座石峰，永遠地站在那裡了。於是當地人就管這座山叫寡婦山。

是大自然看到放排人的悲烈而生出一座山峰來紀念木把的死呢？還是人們根據大自然的奇異賦予它一個鮮明的主題呢？看來是後者。但是我們從中也不難得出這樣的結論，東北木幫文化這種獨特的人文景觀已經變成一種立體的文化，生動地貯存在人類文化寶庫之中，並放射出耀眼的光彩。

2. 脖黃

這是一個十分危險的哨口，江左岸立起一趟二里多長的板石，上面平滑，中間立陡，排在江上走，時常有馬賊（土匪）持刀挾棍從上面跳將下來，把排夫的財物搶洗一空。

放排人常說：掐脖黃，掐脖黃，十人路過九人亡。

就是指這兒的山情、水勢和馬賊等綜合危難。

3. 牛鬼蛇神砬子

從長白縣出發，沿江已走了十六道小些的哨口，就在這時離老遠聽到嘩嘩和嗡嗡的水聲，人們知道，牛鬼蛇神砬子快到了。

傳說從前有四個山東來的夥計，一個姓牛，一個姓貴，一個姓佘，一個姓申，四個人是好友。這年放排來到此地，由於這兒是個大哨，水流湍急，浪大水猛。

老牛頭一看不好，大喊：「快，靠岸！」

老貴頭一聽，急忙把固定排的繩子甩上了岸，老佘頭和老申頭都忙著攏排。雖然大夥一齊攏排，可是由於浪猛水急，排的推力太大，繩子雖然搭住岸邊一株碗口粗細的樹，卻一下子把樹連根拔起……

放排行話，這叫「拔橛子」。

排立刻像松韁野馬，順浪而下，一頭紮在石崖上，頓時排毀人亡了。

人們知道這四個木把死於此處，一到這兒就提起他們，一來二去的，就管這道哨叫「牛鬼蛇神」了，是說這地方邪氣，有危難。

4. 鵪鶉砬子

這兒的右岸，有一座頂天立地的山峰，靠江的一面平平的，上面儘是一個一個小洞，遠遠望去，千瘡百孔，十分壯觀。原來，這都是些野鵪鶉在這兒倒的洞，在裡邊生兒育女。

而這山峰下，是一個惡河哨口。由於水的坡度大，排一進正流，左右搖晃，稍有不慎，便人死排亡。

5. 黑溝門

這兒的水發黑，而且浪猛風大。

放排有句俗話，叫不怕雨怕風。因風一起，人看不清水線，往往出事。黑溝門是指前方一座大山迎面壓來，人稱此處為「黑溝」。不少老排在這一帶喪了性命。

6. 上拱泉

這兒的江水，從底往上翻花。

江水翻花有兩種可能，一是江底有礁石，一是水底有深洞。而上拱泉一帶江底是石和洞相加。水又翻花又打漩兒，排過此處要格外留心。所以稱為上拱泉「哨口」。

7. 楊樹底

這兒的江水中，有無數的樹木枝幹塞在江底，走排非常不易。

東北的江河，由於地殼的變遷，火山爆發，大陸板塊斷裂，億萬年前的森林被埋在了地下和江中。歲月使山川變更，但這個可怕的名字卻留了下來。

這裡江底的森林已經石質化，留下一些石林，攪起水浪，不利排行走，所以稱為哨口。

8. 兩江口

古老的兩江口，這是一個多麼普通的名字。

而且，無論是松花江還是鴨綠江，無論是南流水還是北流水，叫「兩江口」的太多了，可此處的兩江口卻與眾不同，其中一條是從朝鮮境內的大江橫插而來，這條江叫虛川江，水大浪猛，使這主江幹的水流打著漩兒，並形成一個赫赫有名的大哨。

排到此處要加十二分小心，不然排攏不住就會被浪推到岸邊的泥裡，不能流放了。

9. 拱到老

> 拱到老，拱到老，排夫最怕拱到老；
> 頭棹舵把不鬆手，小打貓牙可勁咬；
> 渾身大汗濕個透，冷風刺骨脫棉襖。

這就是排夫們對「拱到老」的形容。

這兒的水勢奇怪，江彎子大，水坡度是左高右低，排一進來，立刻向右岸橫甩過去。這時，全排人要齊心合力，拚命打棹板「貓牙」（一種糾正排歸正流的工具），使排不至於甩上岸去。

不少有經驗的老排手，會測距離，在離拱到老半里地，就把排往左靠，等到上正流少挨累。

但一般人不行。如掌握不好火候，反而一下子竄上右岸。

所說拱到老，是指木把他們打棹不停地搖動的意思。可見此處哨口的險

惡。

10. 兔子崖

這兒的右岸，有一峰，酷似一隻巨兔蹲在那裡，注視著大江。水在這兒嘩嘩直響，浪頭翻捲，從江邊到江心有一排石砣，一高一矮，錯落有別，延至江心。排到此處，稍有不慎，就會「撞排」，致使整個排散花。

所以排夫們常說：

排到兔子崖，心裡直發麻。

11. 轉水湖

轉水湖是個出名的大哨口，從兔子崖前行約十里，就到了。

這兒水域寬闊，但水中坑洞連接，使得這兒的水不斷起窩打漩兒，而且離老遠就能聽到水的「嘩嘩」響聲，到跟前才看清，水不是流，而是在打轉。所以稱「轉水湖」。

排到這兒最危險的就是停止不前，就地打臥。

弄不好，排就「疊被」，就是排尾一下子後翻捲上來，蓋住前方。

在鴨綠江流域，放排人最怕轉水湖類的哨口。

12. 小門檻

門檻子，人人都知道是進門的一道橫樑，人要過去就得抬腳，而這江上的門檻子，則是指江中突起的一道橫樑，把水擋得如同瀑布從上奔流下來。

小門檻是小一點的二道檻，但這對於放排人來說也是十分危險的。因排過「門檻」，往往首尾分家，稍有不慎，便可造成疊被或撞崖。真是險惡極了。

也有人稱「門檻」哨口是鬼門關，這也是有道理的。

13. 小老虎

虎本身就是凶惡的東西，而小老虎指它不停地跳動。小老虎哨的水勢十分凶猛，離老遠便能聽到「嘩嘩」的響聲。水震人心，使人心驚膽顫。

這主要是水底有石，石攔水，水起浪。這種哨口最容易毀掉木排。所以叫「小老虎哨」，是指水的凶猛和歡躍。這是鴨綠江上一道較有名的哨口。

14. 嗡泉砬子

這兒的水，深似潭，水在裡面發出「嗡嗡」的甕聲甕氣的響聲，俗稱嗡泉砬子。

這樣的水勢，木排到此容易失去控制。而且排隨著深潭上下起伏，有時沉入水底，涼水沒人腰，稍不注意，人便被捲進水中，吸進泉眼。

15. 石壋

石壋，也叫「石龍」。就是江心的石頭起骨，把水擋得蹦高。

這樣的水勢對放排人十分不利。排到此處，往往要先判斷石骨吃水深淺。如果是「初把」，判斷不好石骨的位置和入水度，就容易卡住排底，造成「散花」。這也是鴨綠江上一道挺讓人厭惡的哨口。

16. 石牆頭

石牆頭，是指沿江的左側有幾里地長的一面石崖，齊刷刷的如牆。

江水從斜刺裡奔過來，猛烈地奔向石牆，又反轉來形成回浪，這就把江水造成一個又一個漩渦。

排很怕這種漩渦。

排一走到這樣浪上，就上下蹦高，往往排毀人亡。

可是要躲開這水流，又不易。老排工往往直奔石牆撞去，排猛往後一頓，然後趁機把排打出漩渦。如果弄不好，不但排出不了漩渦，還會一頭紮進牆底，徹底毀掉。

17. 滿天星

滿天星，顧名思義，從遠處打眼一望，大白天，江水閃閃點點，就像誰從天上撒下一把碎銀，佈滿了江心。

其實，這是江中的碎石塊子劃的江浪翻花，陽光一照，就如滿天星斗。

放排人最怕這種哨口。

排一到滿天星，彷彿日夜顛倒，水大時，看不準正流，往往容易失控撞岩；水小時，又不易上正流，往往擱淺。所以這是放排人很討厭的一種哨口。

放排人常說：

滿天星，滿天星，十排經過九人蒙。

就是指此。

18. 轉心湖

這兒的水勢和「嗡聲砬子哨」與「轉水湖哨」都差不多，江的正流上有一處深潭，水在這兒形成一個很大的漩渦。

整日裡，漩渦的水上下翻著泥沙，浪波一層層外翻。排一上去，不是往下扎，就是往兩邊歪，有時左右晃，就是不動地方。

曾經有爺倆路過「轉心湖」，老爹打頭棹，幹搬排也不動地方，兒子急了，上去就給拐一「貓牙」，結果排頭一晃，一個猛子被吸進去，老爹活活葬送江底。

19. 三縫牆

這是鴨綠江上非常奇怪的一個哨口，江中立著一塊巨石，石上裂開了三道口子。

那巨石像一面牆，那三個口子像三道縫。而放排人要選擇不同的季節走哪道縫。這全靠經驗。

中縫水不是正流，秋季水小，不能走；左縫是正流，春天桃花水大，又不能走；右縫不是正流，夏天水勢，如果頭天下過雨，正好走，如不下雨千萬別走右縫。

總之，要過三縫牆，得拿命來　。

這是老排夫們常說的。

20. 穀草垛

大江裡有「穀草垛」，信嗎？

遠遠望去，一捆捆穀草，整齊地垛在江心。這是有名的穀草垛哨口。

這個哨的特點是江心正流上，有一塊酷似穀草垛的大石，把水擋得從它的兩側分流而去。

排到此處走哪側，則要看季節，看天氣，看水勢，看時辰。

如果這「四看」掌握不好，一下子走錯了方位，立刻排毀人亡。

排夫們常說：

> 穀草垛呀穀草垛，人人嚇得心翻個。

21. 大門檻

上面說過「小門檻哨」，而這「大門檻哨」是一道更為險峻的哨口。

在江的兩邊，各伸出一道石龍，在江心處，「石龍」斷了，形成狹窄的水道出口。而這一道出口又是一道高高的梁，江正流從梁上如瀑布一樣，猛頭紮下，足足有五米的懸差。

這兒水勢凶猛，浪濤衝天。別說過，看一眼都心驚膽寒。

排到此處，必須「扎個猛子」。排夫看一眼前方，猛一閉眼，就像從高空跳水一樣，驚得一身汗。

這個哨口，要人和排共同掌握好速度和火候。跳早了，排如遲一步，頭棹就會自己落入滾滾的波濤之中；跳晚了，排一個猛子過去，人就會落在後頭，對排失去控制。

總之，這是鴨綠江上一道有名的大哨。

22. 分江石

這道哨和「穀草垛」有相同之處。

一塊大石立於江正流，稱為「分江石」。排到此處，必須看準時機和水

勢，選擇左右而過。

不然稍有猶豫，不是撞在分江石上，就是排毀人亡。

23. 黑驢子

這兒的江邊有一塊大石，酷似一頭黑色的大驢，所以得名。

江水在這兒嗷嗷直叫，捲進「驢」的肚皮下，又反彈回來，形成十分險峻的水勢。

主要的危險是「怪」。

這兒夏秋兩季，水在「驢」肚皮下經過，排比較好走，如果是春天，桃花水漫過「驢」頭，放排人判斷不好驢的肚皮距離，稍有不慎，排會一頭紮進水底，卡住頭舵，於是擋住江道。曾經有一次，五掛大排卡在「黑驢子」哨，江水上漲，淹了三個村落。

24. 煙袋鏈

這也是一處比較獨特的哨口。江的甩彎處，哩哩啦啦地佈置著一片片碎石，而這些碎石的排列又像一條粗粗的鏈子，橫在江中。

遠遠望去，江右岸山頭像一個煙口袋，江中碎石恰似煙口袋上的鏈，所以得此名。

這兒的險要主要在於它把江水擋起，形成高低反差，於是不利老排行走通過。

25. 對子石

這個哨口在江的正流上，順江道正中有一對石，叫對子石。

這石生得怪，不是在江道兩邊一邊一個，而是在江的正流上前一個後一個地排列著，木排從此經過，要加萬分小心。

先過頭一石，然後緊接著擰過排頭奔另一石。這一繞一擰，稍不注意，就會卡住，使排「死」在那裡。

就是最有經驗的老把頭也怕過這「對子石」。

排夫們常說：

對子石，對子石，閻王叫你報到去。

就是指這種險要的江勢。

26. 馬擋子

馬擋子哨在鴨綠江上是一個奇怪的哨口。在江的正中，正流上突起一道石牆，人稱「馬擋子」。

排路過此地，不能躲，也不能繞，只有奔它而去，眼看要撞上了，猛一跺腳，排頭微微一翹的工夫，一個猛子躍過石牆。

也怪，這兒的水力是只要排頭躍過去，後邊也能跟著順過去。如果膽小，眼發花，一看迎面的石牆先害怕，就完了。

老排夫們常說：「馬擋子前要大膽，千萬別打馬虎眼。」

27. 大驢圈

這兒的水怪，發出「嗷嗷」的叫聲，而且一聲一聲，聲聲不同，就像一群叫驢，被關在一個大圈裡，所以得名。

大驢圈的水勢主要是石頭憋的，並且發出叫聲。

這種叫聲，說明水底的石頭位置、樣式也不同，所以這兒是一處很複雜的江流。

排到此，必須認真聽各種「驢」叫，以辨別石頭、水頭，躲過石和水，排好奔正流走。

這在鴨綠江上也是一處比較有名的古怪的哨口。

28. 老母豬圈

江水在此處發出「哼哼」的響聲，酷似一群老母豬被關在這裡，所以得名。

這種水聲，是一種漩渦的回水聲，說明江底有潭或有洞。

放排人最怕這種水。弄不好，排不走正流，一下子甩到岸上，排毀人亡的事是經常發生的。排到這兒，排夫雙眼要死死盯著水，不可分心。每次過了

「老母豬圈」，大夥都是捏著一把汗。

29. 榖草垛

又一處「榖草垛」。和前一個的山情水勢是一樣的，十分險峻。在鴨綠江道上有好幾處這個名字的哨口。

這是鴨綠江道的地質構造形成的。

30. 夾心子

夾心子，也叫「夾信子」，指江道狹窄，只有一條縫。

越是這樣的江勢，水越大，流越急，浪越猛。因寬闊的江突然收縮在一起，真正的水流湍急。

排到夾心子要格外小心，排要準確地入正流，隨波走。如果掌握不好分寸，稍有偏差，木排會一頭紮在旁邊的石頭上。因排的速度太快，必然失去控制，就會人死排亡。

31. 半拉瓜

半拉瓜，又叫半拉瓢，是指江的正中有一塊石，長得很奇怪，就像一個西瓜，被誰當中一刀切開，扔在江中一樣。

這種水勢十分惡劣。

切得齊的一面，水淺石多，看上去好過卻不能走；切得不齊圓圓的一面水雖然大，但那兀出部分正好擋住江道，排過來時稍有不慎便會撞在「瓜」上，弄得人毀排亡。

排夫們說：

半拉瓜，半拉瓜，排夫見你心發麻；

雙手抓住老棹把，先叫爹來後叫媽。

32. 貼臉砬子

有一對砬子，一邊一個，像兩個人臉貼臉地站在那兒，故得名。

這種山勢把江水攏在一起，使江變得狹窄，水就又凶又猛。

排到此，會產生「夾心子哨」一樣的效果，排夫必須十分謹慎地掌住棹把，不使排兩邊晃，不然準會撞在石壁上，出事。

33. 二龍鬥

這兒的水下，有兩塊大石頭，弄得江裡的水翻起一丈多高的浪花。那兩朵浪花，就像兩個龍頭，故有「二龍鬥」之說。

排經過此地，往往會出事。

一是石和水總是在變，往往根據季節、氣候發生變化，使人摸不準從哪邊過比較安全。

二是兩石「龍」之間空縫小，不過又不行，一旦過，如果不掌握好尺寸，就會撞在某一個「石龍」上。真是一處險惡的哨口。

34. 大鬼

江中一塊石，黑黑地「蹲」在江中。石上生滿綠毛。水在石頭上下、前後、左右打著漩兒，發出「嗷嗷」的怪叫聲，一里地遠就聽得清清楚楚。

排夫說，這是「大鬼」在叫。

這兒的水勢很猛，衝力大，排如掌握不好，會一下子頂在「鬼」石上，粉身碎骨。

35. 二鬼

常言說：二龍鬥剛一叫，大鬼、二鬼就來到。

這是指「二龍鬥」「大鬼」「二鬼」這三個哨口相距不遠。

「二鬼」和「大鬼」一樣，也是江中一石，造成此處水勢惡劣，使老排無法順暢通過，所以放排人格外擔心。

36. 二門檻子

這兒的水中連續兩道「梁」，形成二階跳式的江道。

排經此處，先要跳過一道門檻，接著，渾身冷汗沒乾，又要跳第二道門檻子，真是險峻連著險峻。

37. 老道洞

這兒的水邊，有一塊大石頭，像屋子蓋在江面上，人稱「老道洞」。

據說當年，有一個出家人在這兒的山上坐著，還有一座小廟，下雨他就鑽到石下避雨。後來，江水上漲，老道不知去向，這個名字卻留下來了。

這兒的水勢怪，主要是江水要鑽過「洞」去，才能入江上正流。

排走此處，必須要從洞裡通過，人和木排都要在水中行走一會兒。膽小的放排人往往不敢過。而且過此洞前，往往要用繩索將自己的腿捆在木排之上，不然會被水或石頭刮走，永無回頭之日了。可是，掌握不好尺寸，排雖過了此洞，人卻被擼掉一層皮。

38. 跑馬子

這兒的哨口水猛，浪大。

遠遠望去，那水浪就如一頭松韁野馬，揚鬃飛奔，不可收拾。

排到此處，頭棹要死死地握住或全身心地控制住棹把，不然排改了方向，會一頭撞在石崖上。

常常有排夫在這兒喪命。

一九一七年，有長白劉二宣哥仨死於「跑馬子哨」，大櫃「金懷塔」的排隊也曾在跑馬子哨出過事。

39. 馬面石

這兒的水域寬闊，江面大，岸邊的石頭平。可就是因此，卻常常有江賊水盜在此作惡。

這兒常常有一些馬賊（土匪）埋伏在馬面石後，等排一到這個地方，他們立刻包抄上來，然後搶光排上的東西。

搶劫時喊著：此江是我開，此石是我埋；要想過此哨，留下買路財。

這也是鴨綠江上一道比較招人討厭的哨口。

40. 黑瞎子

黑瞎子哨一帶山高林密，樹猛草深，江風淒淒，水高浪猛。

排經過此哨，常常遭到黑瞎子的襲擊。一九一四年，季大把的排路過此地，夜宿黑瞎子哨，早起時發現小棹不見了，只見滿地血跡。

順蹤尋去，在不遠處發現了小棹的屍體。是被黑瞎子咬的。

這兒水惡野獸多，常常使放排人心驚膽顫。

41. 石人

石人哨處有一山峰，酷似一人，立在那裡。

相傳那是一個婦人，丈夫放排而去，一走不歸。於是她思念至久，成石在此。

這個傳說和上游的「寡婦山」傳說一模一樣。足見鴨綠江放排古道上有多少這樣淒苦形象的人文景觀。

這兒的水勢凶猛，江道狹小，木排常常「起垛」。經常有「吃排飯」的人在此等待「挑凳開更」。足見石人哨口的險惡。

42. 葫蘆套

臨江望江樓上游的險惡哨口大的約有四十多處，如放排人常說的：

二龍門遭了亂，大鬼二鬼分一半；

閻王鼻子見見面，剩多剩少穀草垛包了（liǎo）。

就是指放排的人在經過這三處大哨時，活下來的就不多了。足見險惡。

下游的第一個大哨是葫蘆套。

這兒的江甩彎近，浪頭大，水流急。排往往來不及抹彎就被浪推貼在石壁上，往往排散人亡。

所以放排人說：

排進葫蘆套，啥也不知道；

叫聲爹，叫聲娘，回家看你沒指望。

就是指這個地方的險惡。

43. 土地台

這兒從前有座廟，廟裡有個老道。如今已什麼也不存在了，只剩一塊巨大的石檯子，屹立在江邊。

江水在石檯子下邊匆匆奔過，巨浪衝擊著石壁，發出「噼噼啪啪」的響聲。這裡水下有深潭，所以排經此處，常常打漩兒。頭棹要格外細心，否則便會出事。放排人到這兒，往往點上三炷香，給江河神靈上上供，以保佑他們平安地過去。

44. 沙河鎮

這一處是挺大的排臥子，當年家家戶戶都是旅店，專門接待木排上的木把。從那一處處古老的房基、拴排的木樁和被人腳踏硬的江邊的土地，可見從前是多麼的紅火熱鬧。

這兒又是一個大哨口。

由於江近此地突然開闊，江面平坦，水流緩慢，可是卻是一處風口。

常常有颶風從山口吹來，把木排刮亂。

有一年，攏在這兒的幾十掛大排，在一夜間被大風颳散，山場子把頭為此拿木把開刀，活活打死了王老六和李老二。

因此，人們到了沙河鎮都提心吊膽，提防夜裡起大風。

45. 石槭

這兒的江中，威嚴地屹立起一個巨大的石槭，遠遠望去，恰似男性雄壯的生殖器官，頂天立在那裡。

江水順著坡度直奔而下，撞在石槭上，捲起滔天的白浪，發出嘩嘩的響聲。

從前放排人到此，都燒香祭石槭，是希望把雄壯還給男人。

據說從前，這個石槭正堵住江的正流，排無法衝過。一天，一個頭棹氣極了，駕排直衝它撞去。只聽「嘭」的一聲，排往後一縮，又一下子入了正流。

從此放排人有了體會，到這兒，木排必向石橛撞去，方能順利而過。真是一道奇異的哨口。

46. 閻王鼻子

人生最怕的是去摸「閻王鼻子」，而這個哨口卻叫這個名。

據說，排來到這兒，由於前後左右都是林立的巨石，排在其中穿來穿去，真如走刀山，行火海，稍有不慎便會排毀人亡。所以行此處如去摸「閻王鼻子」，由此得名。

老放排的木把，經過一生的摸索，究竟摸了多少次閻王鼻子呢？不得而知。反正關於這方面的故事和傳說卻在大江之上到處流傳著。

47. 鴨圈

鴨綠江上有「鴨」嗎？

其實，鴨綠是形容江水的顏色像鴨的綠色絨毛一樣美麗，可是，大江上有一處哨口卻叫「鴨圈」。

水在此處由於水深、坡度大、石多，使水發出「呷呷」「呱呱」「啾啾」的響聲，就像一群鴨子被關在圈裡而得名。

放排人最怕這樣的哨口。排在此流不上正道，容易走偏，插岸翻凳，是個十分險惡的哨口。

48. 煙袋鍋

這兒的江，開始又直又平，甩了個大彎後，突然形成一個圓圓的大湖，又轉了一圈兒，才向正中流去。人們把這兒稱為「煙袋鍋」哨。

這種哨最險惡，排在開始走得挺好，離「鍋」一定的距離時，頭棹一定要看準火候「壓上水」（指在水的坡度的頂浪上走），不然排一進「鍋」便會順勢衝出江道，出現事故。

一般的人來到這兒都沒了主意，常常出現排毀人亡的事情。

49. 白馬浪

這兒的水急，浪大，翻著白花，有一人多高，遠遠地望去，就似一匹匹白

馬在奔馳，故有此名。

白馬浪哨口是害人毀排的地方，許多木把在此葬送掉性命。

木把們常說：

> 白馬浪，白馬浪，十人過此九人亡；
> 只有一個闖過去，不是殘廢就是傷；
> 叫聲爹，叫聲娘，回家看你沒指望。
> 就是形容「白馬浪」哨口的險惡。

50. 羊魚頭

這兒的水旁有一座石碴子，生得很像一隻羊的下巴、魚的頭，因而得名。

這兒的水十分猛，水勢坡度大，木排到此往往難以控制，一失手便會撞擊在石崖上。放排人說「羊魚頭」是個怪哨口。

51. 秧歌汀

這兒有好幾個傳說，其實主要的是指水的漩渦大，回水猛，造成浪與浪之間的撞擊，發出咚咚嗆嗆的響聲，像鼓聲，而浪頭互相擁在一起，就像東北民間在扭大秧歌。還有說這兒淹死的人很多，屍體泡在水中，浪一衝，他們胳膊和腿在舞動，像在扭秧歌，所以得名「秧歌汀」。

秧歌汀是一處非常險惡的哨口，不少有經驗的老排夫竟然在此失手，主要是木排到了這往往擠不上正流，溜邊走，必然撞石碴子，粉身碎骨。

52. 馬市台

馬市台是靠近丹東的最後一個哨口，這兒的水勢凶猛，江深風緊，兩岸青山封鎖，浪頭翻著白花，而且是一哨連一哨，過了三哨才能進入「馬市台」。三哨是小哨，馬市台是大哨。「三小哨好過，馬市台難行」，這是老木把的形容。

馬市台哨水底較深，水有吸力，排到此上下打晃，一會兒拋上，一會兒拋

下，弄不好，排頭鑽水，人和排都有危難。

馬市台從前叫「虎山」，因旁邊的一座山像虎而得名。由於關東的大馬市在此交易，逐漸變成了繁華的市井之地，特別是上游的木排都要來此停靠，一時間家家變成了「半掩門」和「海檔子」，專門打木把的主意。而木把們也這樣說：「木排來到馬市台，木把不願再回來。」可見這兒對木把們纏得是多麼緊。

鴨綠江大小哨口有一百多個，上面介紹的僅僅是一半左右的主要哨口。

另外，歷史上鴨綠江放排流送有些地方形成習慣性停排站點（俗稱排臥子），從境內二十四道溝以下至安東沙河鎮共有四十五處，順序排列：楊樹底、兩江口、十八道溝、十七道溝、十六道溝、干溝子、雞冠砬子、冷溝子、十三道溝、套褲帶、船臥子、秧歌汀、小孤山子、二股流、蛤蟆川、八道溝、七道溝、麻面石、西麻石、六道溝、東樺皮甸子、西樺皮甸子、望江樓、蠟台、四道溝門、帽兒山、當石溝、大梨樹溝、葦沙河、白馬浪、二道溝、將軍石、葫蘆套、羊魚頭、涼水泉子、岔溝門子、土地台、珍珠泡、大黃溝、褲襠溝、永甸河口、東洋河、砬子溝、馬市台、沙河鎮。

江中險要處太多。鴨綠江上游，水淺、彎多、流急，江中險灘暗礁林立，給放排作業帶來很多險境，長期經營水上作業的流伐工人，對江中險情都必須熟悉，瞭如指掌，方能在遇到險要時處置得當。舊時放排木把曾把險要處編成順口溜，「二龍鬥遭了亂、大鬼、二鬼分一半，閻王鼻子見見面，剩多剩少穀草垛包了」，可見江中險要使人提心吊膽。據一九八五年統計，十九道口至臨江有險灘暗礁四十三處。站在鴨綠江的盡頭，眼望大江浩浩蕩蕩地流入大海，把無數木幫的故事帶走了，無數的辛酸與苦楚，無數的輝煌與成就，都消失了，只剩下海，白浪滔天，湧向遠方。東北放排人所創造的木幫歷史和文化，無論如何不能被歲月遺忘，不能被歷史遺忘。

「北流水」主要惡河

北流水也是一條重要的放排古線，起始點應為松花江的南源，即漫江和松花江的主要支流松江河匯合於兩江口，從這裡直達船廠（吉林市）。

這兒的木材，主要用於造船，因而船廠又有「木城」之稱。把一根根大木運到這兒，歷史上就是通過北流水這條放排水道來實現的。

上面說過，北流水起於松江河同漫江匯合之處那個叫「兩江口」的地方，這兒到老惡河（現白山電站上游）一處，總共有四十七道惡險哨口，民間也稱為「惡河」。

惡河和哨口有同樣的意義和概念。北流水稱「哨口」為「惡河」。

有人說「惡河」和「哨口」都是滿語，意為險惡的水流之意。

1. 二道江

這兒的水勢凶猛，因有兩江匯合因而得名。排走此處必須盯住上下水，不然就易「起凳」（俗稱「疊被」）。

2. 石山子

這兒的江兩岸和江水中，有一處處隱在水中的石山，排經此處，必須時時留心，不然就「打排」，散花。

北流水江中水溫低，木把們放排十分辛苦，大夏天的一早一晚不離棉襖，所以在排上活動不靈便。

因此木把們常說，排到石山子惡河先把棉襖腰繩繫上，做死的準備。足見此處險惡。

3. 笑頭砬子

這道惡河哨口更厲害，俗話說，「砬子笑，江水暴」，就是指這裡。每到笑頭砬子，老排十有八九不走正道，因江水在底下打漩兒，而且漩渦大。後來不知誰，懷著滿腔仇恨，把木排一直奔笑頭砬子撞去，誰知這一下，奇蹟出現

了，木排忽悠一下子，往外一閃，正好入了正流。

於是人們唱道：笑頭碴子撞排邊，忽悠一閃下陽關。

這都是多少輩子的放排人用自己的生命和經歷總結出來的一條血的經驗哪。

4. 四道溜河

溜河分一、二、三、四、五道等名，所謂「道」，是指江在這兒下懸，造成水勢凶猛。排到此處必須小心，不然就撞山散花。

5. 轉水流

轉水流實際是「旋」水流的意思。指這道惡河哨口的底水深、打漩兒。木排經此容易失去控制。

6. 三道碴拉河

松花江從天池奔流而下，沿途經過幾千公里，彙集了九百二十條江河，滔滔奔入鄂霍次克海，沿途的江河每匯入一次，就有水的險情出現，如果放排，就稱為惡河。

這三道碴拉河就是其中的一條小河，指江旁有三道碴子的地方匯入的水。這兒的水使江不穩不平，易造成事故。

7. 小錢櫃

這兒地陡水凶，排每到這兒都出點事，一出事就得請人「開更」「挑垛」，往往要花上一些大洋。人稱「小錢櫃」，是指每次排到這兒都得花點兒錢，打點「吃排飯」的人。

8. 二道溜河

溜河本身是一條不穩的河，人稱懸河，水流湍急，二道溜河是指這水又到了一個坎，十分驚險，人和排經常在此出事。

9. 牛

這兒的一個碴子像一頭牛，江水走此十分險峻。排夫們常說：「過了老牛，老排有盼頭。」足見這道哨口的險峻。

10. 牤牛

　　這兒的江中正流上有一塊大石頭，石頭頂上的水中又伸出一塊石頭，頂得江水嘩嘩直響。排走到這兒，弄不好，牛「犄角」就會把排挑得四下散花。排夫們常說：「老排一走牤牛哨，天下萬事都知道。」意思是生死無所謂了。足見這牤牛哨的險峻與厲害。

11. 二道砬拉河

　　這二道砬是指江中的水帶台階，排一個高從一道砬子上下來，還沒等走穩，另一道砬子就迎上來。這種江道人稱「要命道」。排夫到此稍有不慎，連排帶人來個人死排亡。一年，一個叫隋老五的排夫走到二道砬拉河惡河，排一下子撞在砬子上，把他甩上岸邊，掛在一棵江邊的老楊樹上，幾個月後被人發現，早已變成一掛散架子的白骨。排夫的命運是十分淒苦的。

12. 半拉惡河

　　「半拉惡河水奇怪，前湧後推帶旁踹。」這是排夫們總結出的歌謠。

　　半拉惡河的水特殊。平靜的江面，一到這兒就出了暗流。原來砬子底有個噴水洞，江水在底下往側拱。放排的最怕這種水，人稱「邪水」。

13. 燈籠砬子

　　這兒靠江邊有一個大砬子，酷似燈籠。

　　傳說從前有爺倆，從山東闖關東來東北，在這兒靠放排為生。這年江水很大，爺倆給賈惠生木營子大櫃放排，而且老爺子是領頭棹。結果排走到這兒，突然天起了大霧，朦朦朧朧，伸手不見五指，白天也變得漆黑一片。只聽「咔嚓」一聲，爺倆的排頭挺在岸邊的砬子上，老爺子身不由己就彈了出去，倒掛在砬子旁的樹上。

　　老爹死了，兒子哭得死去活來。

　　可是沒有辦法。從此，排一到這兒就出事。也怪，這兒由於砬子高，江水低，一到這段江就起大霧，排頭看不清，可是，自從老頭遇難後，這兒的岸邊就生出一個大砬子，底小頭大，像一盞燈籠高高地懸掛在這裡，而且遠遠的，

這個砬子彷彿立在雲頭上的燈籠，給人提個醒，排也減少出事故。人們說這是老頭臨死惦記兒子和放排人，於是化作一座燈籠砬子，來保佑放排之人。

14. 雞冠砬子

這兒有個砬子，酷似公雞的冠子，屹立在江邊。砬子巨大，山風斜刺裡從西吹過來，使江水洶湧奔騰，排很易出事。

雞冠砬子惡河，是有名的危險哨口。

人們常說：

> 雞冠砬子太可怕，木把到此回不了家。

15. 二蓬山

這兒的江邊有一架大山，兩層，非常險峻地屹立在江邊。自古道，水隨山勢。江水走到此，又凶又猛，上下翻著巨浪。

放排的人常說：

> 排到二蓬山，心膽上下懸，
> 稍一不留意，排碎人就完。

指水和岸邊的石非常險峻。

16. 卡脖崗

打眼一看這個惡河，江面水平如鏡，又寬又闊，沒有任何危難，可是剛過平江面，江道突然窄小起來，江水變急，使排無法掌控。更可怕的是，這兒由於水面平、排慢，常常有「馬賊」「響馬」（土匪）在此埋伏，等待搶劫排夫們和櫃上的大洋，所以叫「卡脖崗」。

排夫們常說：

卡脖崗，卡脖崗，水賊江中藏，

要想能活命，兜裡有大洋。

　　其實就是指地理環境十分惡險之地。

17. 石通子

　　石通子過去叫「石筒子」，是指這兒的江水上有一道砬子，半截空空地懸在水上面。排到這兒，排夫必須貓腰而行。有時還得趴在排上，不然就過不去。由於如此，排時常刮在砬子上，一堵就是一大片。石通子惡河哨口也是挺令人厭惡的一個地方。

18. 淨水子

　　淨水子惡河，表面看水清平靜，其實水下藏著許多石砬子，尖尖朝上。

　　排走此處，人易產生疏忽觀念，稍有不慎，排被石砬子擋住，不知不覺就葬送水底。

19. 大石龍

　　這兒的江水中有一道石樑，長長地埋伏在江水之中。水如果大時，木排經過還好辦，水如稍微小一點，排一上去就打橫，擰個子，頭尾相碰，一下子散花。

　　所以木把們常說：

來到大石龍，不停也得停。

　　指這兒的山勢和水勢的險惡。

20. 小石龍

　　小石龍，顧名思義，指這兒的江水之中有許多一道道小石樑。這些小石崗子很可惡，往往讓放排人掌握不準它們的分佈和走向。排到小石龍稍有不慎，不是撞在石背上就是順石縫子走了岔道，一下子碰在石砬子上。這是個非常複

雜的江道哨口。

21. 悶水

悶水，指這兒的水不清，聲音發悶。水一悶，水底必有物。

果然，這哨口的得名就是因為江心有一塊似露非露的大石頭，被人稱為「悶水石」，藏臥在江水中，江水在這兒被憋得直打轉轉。

沒辦法，老排每到這兒，放排人都要先把排的前兩節放進水中，這時人在水中，水都過腰深。同時，頭棹要緊緊地把住棹把，萬萬不能鬆手，一鬆手，人排兩亡……

傳說從前，哥倆放排來到悶水惡河，排到了這兒，當頭棹的大哥緊緊地握住棹把。眼看快過去了，弟弟突然發現水裡上來一隻大魚，在排尾上直跳達。

弟弟喊：「哥，快看。」

「什麼？」

「島花。」（松花江裡的一種名魚）

「在哪？」

「在……」

弟弟的話還沒說完，哥哥一溜號，只聽「嗙」的一聲，棹把猛一蹦動，一下子把哥哥掃進水裡，只見江水中頓時泛起一片鮮紅，哥哥撞死在江中大石頭上了。弟弟後悔死了，可又沒有辦法。從此總結出這條經驗：

排過悶水哨口，毒蛇纏身不鬆手。

就是這個道理。

22. 長脖子

這道惡河的特點是水道彎彎曲曲，就像北方一種大雁（大浦）的脖子三道彎。排一進其中，頭棹要格外小心，在這些彎中要不斷調整棹把。

放排人常說：「進了老長脖，神人也破戒。」就指這兒的水勢不同以往，

就是吃齋唸佛到這兒也得停下來管理排了。

23. 破車子

人們對各種惡河的形容，簡直就是一部豐富的文化史。「破車子」惡河，就是指水到這兒，被立石擋起，又驟然而下，發出一種水摔勁子的嘭嘭咔咔之聲，從遠處一聽，就彷彿一架破車子發出的紡線響聲，所以稱為破車子。

這兒的水勢極其險惡。排到此處往往順水勢先要蹦個高，然後一頭紮下去。放排之人必須看好火候，在排頭紮下去還沒入水的一剎那，要立刻把排頭打向偏西，躲過「破車」的「石鼓」（一塊突出的大石角），然後再順勢入水，不然就排毀人亡。

24. 大燈場

這兒的形態，更是千古一絕。水中有無數的小石立著，水一衝石，掀起朵朵浪花。那些浪花，有大有小，有高有矮，有長有短，有方有圓。從遠處打眼一看，就像是一盞盞的馬燈吊在江水中。所以人稱大燈場是也。

這兒的水勢隱秘，平中藏險，排過了這石要防備那石，真是過了一關又一關，前面還是鬼門關呀。

25. 梭拉

顧名思義，梭拉，紡紗織網的梭子來回穿動，這是一種形象的比喻，是指水在一定的距離之中來回反竄。叫「梭拉」，像梭子一樣奔來竄去。

什麼原因造成的呢？原來是在這道哨口處有兩塊大的江石，把水夾在其中，水從上游衝下，慣勁奔進這兩石之間，又反彈迴旋，就形成這種反竄的回水。

排到此處，非常危險，排木在水中搖晃不定，稍不留意，一頭紮在石碰子上，定會粉身碎骨。

排夫們常說：

來到梭拉子，心在手抓著。

26. 將軍石

一塊又黑又大的孤石，在江道之中突兀而起。

相傳在早先，一個大將軍率領千軍萬馬西渡松花江收復失地。當時正值秋天，江水還沒完全冰凍，江上沒橋，眼看敵兵棄船而逃，將軍兵馬無船而渡，他大喝一聲：「江水封冰，保我兵卒過也。」說也奇怪，他的話語剛落，一陣西北風颳來，大江奇蹟般地封凍了，將軍率軍過江。

可是行至江心，只聽「咔嚓」一聲，將軍自己卻落入水中。兵士們一看，慌忙停止前進，來救他。

將軍一看，發怒道：「不要管我，追下去……」

「是。」

將軍命令副將率兵追敵，果然打得敵兵落花流水。

凱旋後走到江邊，將軍已不在，只見一塊巨大的黑石屹立在水中，副將和兵士們都落淚下拜，從此稱此石為「將軍石」。

這個故事告誡人們，要生存就要付出代價。

這兒的江水一到此，被石頭憋得嚎嚎叫，震撼山谷，真像當年千軍萬馬在追敵衝殺，使人心驚膽顫。

27. 碾子河

這兒是三條東流水三條西流水的彙集處。東流水高，西流水低，於是江中正流上的水上下錯轉，就像碾子和碾盤一樣，故得名。

排一走到這兒，往往不前行，撐棹人必須憑水對排的擺佈，不然稍一用力，排木扎進水中，首尾錯轉，排毀人亡。

放排人說：

> 碾子河，老惡河，吃人不吐骨頭沫。

就是這個道理。

28. 太平惡河

太平為何還稱「惡河」？其實是指反意「不太平」。

這兒的不太平和南流水的「馬面石硝口」一樣，指這兒水平石平，排一到這兒，容易遇上江盜馬賊來搶劫，所以稱太平惡河，是放排人希求此處太平之意。

29. 明砬子

這兒的江道上一道頂天立地的大砬子屹立在江道正中，江水分為兩半，從砬子的左右奔湧而過。可是奇怪，放排人必須從砬子的左側過去，不能從右側過。

從表面上看，右側是江正道，水流又大，水又寬，初把放排路過明砬子不知底細，保準從明砬子的右側通行，往往釀成千古之恨。

這是因為左側水流看去雖少，底寬水闊；而右水看上去寬卻淺窄，簡直不能同比。所以光憑肉眼去判斷這兒的山水之勢是不行的，一定要聽老排工的事先指點。

放排人常對初把說：

不聽老人言，明砬子准玩完。

就是指這樣一種意思。

30. 頭道溜河

頭道溜河發源於樺甸市（原樺甸縣）的太平嶺，這是一座海拔一千二百米的大山，位於樺甸、磐石、永吉的交界。

頭道溜河的水流量大。從頭道溜河到船場（吉林市），共有五道溜河不斷插入松花江中，每插入一次，便形成一道惡河。

有水匯入的地方，往往水勢不穩，排工難於掌握，所以稱之為惡河。而頭道溜河是江上的頭一個下馬威。

31. 太平川

太平川一帶山高嶺陡，江水在這兒的山谷裡行走，由於江下水深，排的速度快，稍有不慎就容易撞岸或「擼林子」。

擼林子是指這兒的水有坡度，排往往在坡度大、江中彎多的地帶走，排頭過去了，排尾還在好幾道彎之外，木排不斷在岩石上被石「擼」，發出「咔咔咻咻」的響聲，許多排被卡斷了「繞子」，散木不斷。

小棹往往手持大斧，在排後督陣，一有「開扣」（「繞子」開了）的，立刻釘上。

排走到這兒，頭棹一定要記住有多少道灣，掌握好火候，使排首和排尾的木不至於太用力地撞在石岩上，但這往往很難。

排夫們總結說：

> 排走太平川，滿江起霧煙；
>
> 排首不見尾，散木扔岸邊。

就是指這種情況的。

32. 上滿天星

上滿天星惡河的江中河道裡生滿了各類小石碴子，水一流過，就翻起一朵朵浪花，在陽光的照射下，閃閃發亮，就像天邊的星群，故而得名。

所謂「上滿天星」是指遠來的排往高處瞭望時產生的一種感覺。這裡是一處高崗，所以稱「上」。

33. 下滿天星

這兩個哨口因距離較近，按山形水勢，處於一上一下，所以有「上滿天星惡河」和「下滿天星惡河」之稱。

從特點上講，下滿天星和上滿天星是一樣的，也是屬於那種碎石撒滿江道的險惡地段，對放排人極為不利。

34. 黃泥河

松花江經過這段山地，由於山體平緩，土皮厚，大量的泥沙被雨水衝入江中，加之右岸一條叫黃泥河的水匯入江中，使這段江的水泛起濃重渾濁的黃泥浪。

而這一帶，由於地處山口地段，一下雨，水中帶泥；一颳風，風裡摻塵沙。就是好天氣，水中的黃泥也漫在排上，人踩在上面打滑摔跟頭。所以黃泥河惡河是一道綜合險情的難關，放排人至此要格外小心。

35. 上鎖口

鎖口一帶江道狹窄細長。這兒的水處於彙集狀況，水深浪大，鎖口兩山屹立江兩岸，排走進鎖口就像進入鬼門關的入口，排隨流上下拋漂，左右搖晃，稍有不慎，便刮在兩側的岩砬上，頃刻間造成悲劇。

36. 下鎖口

下鎖口惡河的地勢水情同上鎖口一樣，也是江窄水細，浪大流緊，而且水的坡度大，排易失控。

所說上下，是指這兒的水坡度的高低而言，鎖口的險情是一致的。

所以一接近上下鎖口，排夫們往往這樣形容：

> 排到老鎖口，人人心發抖，
>
> 不能一邊看，不能往後瞅，
>
> 小命捏在手，閻王叫走就得走……

這是北流水多少代放排木把的苦歌，是他們用自己生命總結出來的生命謠。

37. 歪脖子

顧名思義，這兒江道一個甩彎接著一個甩彎。所以人稱歪脖子。

放排人最怕這種水勢。

曾經有兄弟倆放排至此，哥哥在前，弟弟在後，等排一過歪脖子，哥哥才發現弟弟不見了，只見排上留著一片血跡。原來是一隻狗熊跳到排上，把弟弟給咬死拖走了，而哥哥在前，根本看不到後邊。有時一些歹人也在歪脖子作惡。

所以排到這兒，排夫們格外提心吊膽，前後的人要不斷喊叫、呼應，以防不測。

38. 付海惡河

付海是一個人名。

傳說從前有個淘金的，叫付海，後來和幾個弟兄合夥到松花江放排。一次，他們的排走到這兒，大夥一看這一帶江面平靜，就放心地坐在一塊，打算抽抽菸，閒扯一會兒。

付海說：「你們哥幾個先嘮，我和頭棹觀觀景（看看山形水勢）。」

他來到排頭，突然發現平靜的水底有幾處直打漩兒的水，忙喊：「不好……」可是，話音剛落，排頭已進入漩渦，只覺排身一晃，排頭一下子扎向右側，插進岸邊的泥裡。排上的人也一下子被甩到岸上，付海的頭正撞在一棵大樹上，被活活地撞死了。

原來這兒有一種石，叫「江骨」，深深地埋藏在江底。而且隨月份和季節的變化，這種「江骨」能上長和下降。所以看上去平靜，其實藏著險惡。

由於是他發現了這個隱秘，又死於這一處，放排人就把這兒叫「付海惡河」，以紀念他並警示後人多加小心。

39. 羊鬍子

羊鬍子惡河據老排夫「水老四」講是指水的一頭大一頭小，而且尖尖翹起，形成非常險惡的勢態。

鬍子尖尖上僅一排能通過。排到此處，排夫要各盡全力，各司其職，每人操「貓牙」板，咬住排幫，聽從頭棹的喊叫，一齊控制排的方向。

這兒最大的威脅是江道窄小，對排工技術和膽量都是一種考驗。

40. 兩江口

在松花江上放排，凡是有江河匯入的地方，一般山情水勢都很險峻，也都被稱為「惡河」或「哨口」。在這個地域之內，凡是惡河和哨口都是放排人最為擔心的地方。而兩江口惡河是同時有兩條江匯入松花江中，造成了這一帶水勢的險惡。

這兒的險情主要是江水不走正流，放排人要從入兩江口半里地之前就開始調整排的速度和方向位置，以防止進入匯合處時排會出意外。只有老排夫才有豐富的過兩江口惡河的經驗。

41. 將軍灘

相傳遠古時期，一位將軍遠征來此，在這兒架鍋埋灶，屯兵待起。忽一夜，敵兵把將軍包圍，將軍率兵奮力突圍，終因兵寡糧絕而全軍敗亡，後人便把這片江灘稱為將軍灘。

將軍灘是一片荒涼的江灘。江中碎石林立，江面寬平遼遠，可水勢險惡。排到此處，顛簸不平，稍不留心就容易撞在石崖上，所以放排人要格外小心。而且由於這兒山遠水寬，江風也大，常常有冰雹掃來，人稱關東「雹道」。

常言說：

排過將軍灘，四野起狼煙，
大風颳掉皮，沙子迷瞎眼。

就是指此處的惡劣環境和不良水勢。

42. 三炷香

從前，有多少人死於「三炷香」惡河，已無從考證了。只是知道，凡是要走北流水去「船廠」的排夫們，都要備足香蠟紙馬，預備過「三炷香」時點燃求神，保佑老排平安渡過三炷香。

本來這三炷香是指右岸有三座山峰，又高又細，頂天立地插入雲端，就像

人間的生靈給上蒼點燃的三炷巨香，而那白雲，恰恰是香的煙，世代飄在空中，向上蒼表達著人間黎民那虔誠之意。可這兒，由於水流坡度陡，水突然變得湍急起來。

排到此，一下子被捲進江中，水漫到人的腿和小肚子上，頭棹眼盯著排頭往往也看不清排的走向，往往就出事。再說一碰上陰天下雨或颱風，排就更不容易走了。

放排人每過將軍灘，接近三炷香時，頭棹往往喊：「小棹。」

「在。」

「上香。」

這時，小棹在排上點上香火，頭棹領大夥齊刷刷地跪下。

頭棹把三炷香並排捏在手中，舉過頭頂，說：

「各位江神河神，各位山靈嶺精，我們供奉你老人家來了，求你們保佑俺們過這三炷香。排一過去就拿整豬頭供奉你老人家⋯⋯」然後，他插上香，領大夥磕頭。

等排平安過了這兒，頭棹領大夥還要如此這般來一遍上香儀式。

放排人常說：

排近三炷香，人人心發慌，
心在嗓子眼兒，小命捏手上。

就是指這兒的情況。

43. 豬嘴

這兒有一道山樑，遠遠望去，很像一張猙獰的野豬之嘴，故人稱「豬嘴惡河」。由於這兒水的坡度過大，排一近此地，排身亂晃，散木在腳下直轉軸，是江底水的抽力所至。

老排夫們常說：「排到野豬嘴，恨不得管神仙借條腿。」就是指這兒排晃

不穩所致。

44. 紡車子

紡車子是人們的一種形容，主要指水聲像「嗡嗡」的紡線聲。可為啥用此聲來形容惡河呢？

原來，這兒的前方有一個大石窩，上游的水衝下來，一頭紮進石窩裡，水在裡邊憋得唰唰直叫，遠聽是嗡嗡聲，就像人紡線掄圓了紡車子的聲音，故而得名。

而這道惡河水情十分險峻。排到此處，必須先看準水線，躲開「窩子」，從一旁繞開過去。

如果是生手，一時弄不好，便一頭紮進石窩子裡，這時，任你有天大的本事，也休想拔出來。

紡車子惡河聽來動聽，不知要過多少放排人的命啊。

45. 大撈嶺

聽當地老人講，從前這兒的江中時常下來散木，那是上游的木排被沖垮，散下來的，於是人們便靠打撈岸邊的散木生活，所以叫「大撈嶺」。

可還有一種說法，大撈是一個人名，當年淘金在此，後來得寶在這兒立了一座廟。不知什麼年代這座廟已不存在，故事也沒人講了。

可這個惡河卻有點特色。此處水有台階，一連三階。排到此處，排首和排尾，一個天上，一個地上，穩不住排頭，排尾會一下子來個「甩」，從後邊蓋上來，弄個排毀人亡。看來叫「大撈」有道理。

46. 小撈嶺

這兒距大撈嶺二里半遠，其險峻勢態和大撈嶺完全一樣，因旁邊的大山沒名，又因惡河放排而散排，人們撿散木，被人起名為「小撈嶺」。意思是上游的木材到此處，漂的已不多。

還有傳說「大撈小撈」是一對兄弟，家在山東，來此謀生，開荒占草，留下此名。總之這兒的江水河道十分險峻，是出了名的。

47. 老惡河

　　老惡河是北流水相當險峻的一道惡河，曾經出了一個叫「謝鴻德」的有名的木把。由於有關資料記載這道惡河的情況較多，這裡就不詳盡介紹了。

　　北流水在其漫長的木材流送歲月中，放排人摸索出了許多豐富的放排經驗和體會，而這些故事，這些地名和哨口，一處處都記載著北流水松花江放排人悲壯的生存經歷，是他們用生命和血汗寫下的壯麗詩篇。

放排歌謠

東北長白山放木排的歌謠，還有包括木幫們對江和水的觀察，已形成了獨特的文化類型。這是一些獨特且非常珍貴的歌謠。

放排苦之一

砍大樹，搭木排，
順著渾江放下來。
拐過曲曲八道彎，
繞過彎彎十八拐。

為求生，不求財，
就等隨時碰江崖。
哪管激浪衝千里，
隨處死了隨處埋。

這首出自劉仲元的《放排苦》更是寫出了木把的生活實況。放排是最危險的活動，木把們在大江裡流筏放木，就是同殘酷的大自然打交道。江水山勢，風雨雷電變化無常，因此木把們的小命往往隨時便葬送了。

雨打木排起白煙，
望不到後，望不到前，
前呼後應聲聲傳哪。
頭往右啊，尾往左偏，
小心順拐那個撞著山哪。

岸上野獸叫，聲聲慘。

鬼哭狼嚎心膽寒哪。

　　溫泉蒐集的《放排苦》是直接描寫「北流水」放排生活的。這幾乎就是木把們發自內心的一種呼喊。因放排是極其危險的一種事業。男人一上了老排，生死難測，所以人們把放排看成是九死一生的行當。

　　木把們常常發誓，這一「季」幹下來，來年可不幹了。可是木把把排放到丹東，又禁不住東家的種種誘惑，把兜裡的那點兒錢花個溜溜光。什麼逛窯子、設賭局，種種圈套，他們沒有辦法抵抗這些欺騙。

　　當他們在南海（丹東）把錢全花光，把頭和店裡的掌櫃串通一氣，不讓木把們走開，於是又乖乖地被逼上走回老山的路。

頭棹忙，二棹急，

幫棹、尾子要拿穩。

浪頭浮又沉，

人排兒一起滾。

過了釣魚台，

心才放下來。

　　這首是徐明舉蒐集的《放排苦》，通過對江水的直接描寫，記載了老排夫們從放排的經歷中總結出來的體會。

　　還有放排號子和抬木號子。趕河時，又有趕河號子。

　　如這首《折垛》就是一首木把「趕河」的號子。

領：浪裡滾喲，

合：水裡跳喲。

領：木垛插得高喲，

合：咱們不怕高喲。

　領：用勁折喲，

　　合：嘿喲呵。

　領：搬得好喲，

　　合：嘿喲呵。

　領：刨鉤撈喲，

　　合：嘿喲呵。

　領：大頭拽喲，

　　合：嘿喲呵。

領：上山能捉虎喲，

　　合：嘿喲呵。

領：水裡敢鬥蛟喲，

　合：嗨喲嗨喲嗨喲。

領：大山咱推倒哇，

　合：唉嗨喲哇——

領：浪頭來讓路哇，

　合：唉嗨喲哇——

領：木垛拆開了哇，

　合：唉嗨喲呵呵——

領：上岸歇著了哇，

合：「鴨子」水上漂哇——

這「鴨子」是指木把們自己游水上岸。

趕河，一般在春天進行。

春季，山裡的雪化了。桃花水下來了。山場子開始變得泥濘了。

這時，一冬集中在溝溝灣灣邊的木垛，開始由木把們推到這些河溝裡，順水滾放到大江（松花江或鴨綠江）主幹流，進行穿排、流放。這個工程為「趕河」。

還有反映木把們愛情生活的。木把們雖然苦，但他們也是人，也有七情六慾，但他們的性生活相當缺乏。這一是因為他們窮，娶不起媳婦，再就是長白山裡女人也少。可是大江兩岸的村村屯屯，有不少大閨女小媳婦都是在心底戀著這些木把，有的木把也和她們產生了難以忘記的思戀。這是一種地域文化中的婚姻形態。

老惡河，十八浪，
浪浪打在心坎上。
　逼近黃石頭，
　木排抖三抖。
　把心銜在口，
　把命攥在手。
　哥哥你這一走，
　撕掉妹子心頭肉。
　恨只恨那晚上，
　親你沒親夠……

木把們越是放排離家，越與女人有一種生離死別的情感。男人本來不常回家，而回家又要離去，妻子不能不產生一種對男人的苦苦的思戀和惦記。長白山裡的女人都能抽菸，都能喝酒，這也是一種「木幫」文化的反映。

因為，抽菸能消除心中的鬱悶，喝酒能借酒消愁，使她們從醉生夢死之中忘卻對男人的惦記。可是能忘記嗎？

還有的，就是木把本身對女人的思念的情歌。

哥在老林做木頭，三九三伏不歇手。

只盼明個下山林，給她買瓶梳頭油。

　　這是齊兆麟先生蒐集、創作的木把情歌中的代表作。當年，有什麼送給自己的心上人呢，老字號集上的一瓶梳頭油，就足夠表示男人的心了。

　　南流水放到安東，北流水放到船場，都是大碼頭，集市熱鬧紅火。可是無論怎麼吃喝嫖賭，也忘不了給妹子買回一瓶梳頭油。

　　可見放排人對自己所戀之人情感的深切和樸實。

放排苦之二

放木排，

是苦差，

勸郎別去放木排。

放排能有幾時回？

哨口淹死浪裡埋。

放排苦之三

水裡頭滾哪，

浪裡頭鑽，

爹娘妻子那個把心擔。

為餬口啊，

為納捐，

風裡雨裡那個不消閒。

漫汀穩哪，

急流子穿，

生死就在那個眨眼間。

躲礁石呀，

避險灘，

手腳麻利那個眼要尖。

霧濛濛啊，波浪翻，

雨打木排那個冒白煙。

望不到後呀，

也看不著前，

前呼後應那個就聲聲傳。

頭往右啊，

尾要左偏，

小心順拐那個撞著山。

岸上的禽獸叫啊，

聲聲慘，

鬼哭狼號那個心膽寒。

到了船營啊，

排靠岸，

掉頭擺舵那個忙得歡。

喘上一口氣呀，

心放寬，

總算又闖過那個一道關。

喝盅酒啊，

驅驅寒，

有了今天就別管明天。

明天早起呀，

排又離岸，

放排人的日子命由天。

放排苦之四

走到陰山背後，

烤得小爪撓前撓後，

冷不丁一瞧，

像熊瞎子他二舅。

放排像鱉走，

扒沙兩溜，

老排一下像哪家公子王侯？

腰捆半匹繭綢，

後拿楊柳小扇，

走一步溜三溜。

錢又花淨，

拉背兒一走。

晃似走獸。

情似水長流

哥哥放木排，

撐桿摟在懷。

這一去，

不知何日能回來。

哎——唉喲，

盼望早回來呀。

木排沿江流，

風浪滿心頭。

一顆心，

常在妹子身邊留。

哎──唉喲，

在妹身邊留呀。

月落黃昏後，

野火點點愁。

唱一曲，

哥妹情愛水長流。

哎──唉喲，

情似水長流呀。

放排八等人

頭等人在家坐吃坐穿，

二等人當把頭把心操亂。

三等人當先生明打細算，

四等人三把頭「英雄好漢」。

五等人當股子累得真靈活現，

六等人當磨官狗腿跑斷。

七等人大師傅早起晚眠，

八等人月勞金瞪眼白幹。

就怕炸了排

不怕鬼門險，

就怕炸了排。

排炸人包餃，

大江是棺材。

老把頭保佑到沙河尖

不怕牤牛哨，

不怕老虎灘，

就怕老把頭不保佑咱。

燒上一炷香，

山神爺保佑咱，

放排一氣到沙河尖。

▍放排故事

東北江河上放排的故事，多得就像天上的星星，地上的青草，牛身上的毛，江邊的石子。

一、吃排飯的

放排經過一些水流湍急的江段，俗稱「哨口」，這些地方由於水勢的變化莫測，往往形成各自的特點，這就是一道道難關。木排要通過這樣的難關，必得付出沉重的代價，於是就使得一些吃排飯的人物應運而生了。

北流水老惡河上有一處叫「抽水洞」的地方，這個哨口十分險惡。

有一個放排的到了這兒，搭眼一看，沒法過，知道生還無望。於是他想，乾脆奔著碴子撞吧。想到這兒，他把心一橫，航把（棹板）一順，奔碴子撞去了。誰知只聽「嘣」的一聲，排頭拱到石碴子上，排先是往後一縮，緊接著一個猛子扎進水裡，又一竄一鑽，從前方十幾米處鑽出水面，而後邊的排也跟著排頭，順順利利地過了「抽水洞」。人不但沒死，排還過來了。

就這個經驗和體會，便成了「吃排飯」人的一種「錢」。

從前放排，在快到「抽水洞」時，就有人在江邊敲鑼。並大喊：

「過抽水，過抽水。」

意思是，他要想平安地幫助你渡過抽水洞。

這時，如果有的老排沒有經驗豐富的老卯子（頭棹）在上面，就要請這個人，幫助渡過這段險哨。一聽喊，往往停靠講價。

「什麼碼？」

「給個斗錢。」（指一斗紅高粱）

「這個打不開。」（指不同意）

二人往往討價還價。一旦成交，這人上排，頭棹上岸，步行到下一哨等

著。這人保證叫老排渡過去。

另外，排在江上行，有時哨險水大，江道不平，就容易「起垛」（就是木排在水中衝力大，後邊的疊到前邊來，堆在水裡，卡住江道）。這時，就要請人來「開更」。這也是一種「吃排飯的」人。

開更是十分危險的活，吃這口排飯的人價碼也大。開更已成為當年長白山裡一種十分流行的職業。

春天，江水全化了，開排的日子到了，只聽一陣雷鳴般的巨響，老排從上游的高處飛沖而下，排上的人嗷嗷直叫。走排時，如技術不高明，排進了激流，浪頭就能把人腦袋碰碎，木頭起垛，江水中轉眼間漂出幾塊骨頭。

每當流送的木排「起垛」，頭棹就要請人開更，也叫「挑垛」。挑垛是一種典型的「吃排飯的」人幹的活。當年每到流放最繁忙的季節，長白山，大江兩岸，天天游動著「吃排飯的」，他們或住在各個危險哨口的老鄉家裡，山窩鋪裡，或騎著驢跟著排在岸上走，專等排出事，他們好「吃排飯」。

這些人，往往都身懷絕技。

這些人，往往要和管這個地段的絡子掌櫃的打過照面，或去報報號，取得他們的認可才行。這叫「考票」。實際就是拜見「吃票」（他們往往也屬於黑道上的人，所以要上貢）的頭子，取得地方上的認可，去尋找「靠山」。不然這些吃排飯的就是身懷絕技，得了錢，也出不了山。因山裡土匪、馬賊、響馬、鬍子、大爺太多。這是因為在山外，平原的青紗帳一倒，那裡的土匪只好歇手，等來年青草沒棵時再起，可山裡是春夏秋冬四季都有這些人。就是在冬天，他們也可以在木營（木把的大房子）裡過冬。大山林是他們的天下。所以山裡人人愛當匪。

而其實，土匪也是靠「吃排飯」的這幫人活命養著，可吃排飯的人又不能不怕他們，這是相輔相成的兩個對立統一的方面。吃排飯的在「開更」前，要先進絡子。進去後，雙手抱拳舉放在左肩，施禮道：

「西北懸天一塊雲，烏鴉落在鳳凰群。不知哪位是君，不知哪位是臣？」

這時大掌櫃的已從吃排飯的腰上掛的「排票」上看出，他是幹啥的了。這種排票，往往做成像一個琵琶樣兒，有巴掌大小，其實是排上「棹把」的形象化。這是用來表明自己的身分。當然也早有人來告訴他對方是幹啥的了。

大櫃往往問道：「爺們兒從哪來？」

吃排飯的要回答：「稱不起爺們兒，抱老把頭瓢把子（老把頭，就是表明自己是吃木把飯的）……」

大櫃接著說：「啊，吃排飯的。」

「對對。」

這時，他要遞上「排票」。說：「大櫃，等這一排下來，我來貢敬大掌櫃的你和弟兄們。」

大櫃也笑了。說：「給這兄弟倒酒上煙。」

「謝了！謝了。」

「掐著台上拐著。」（拿著煙，坐炕上抽吧）

這時，吃排飯的不能久留，要抽一口遞過來的煙，表示信得過，然後要起身立刻告辭。

於是，眾匪們也樂了。往往說：「你就放膽挑吧。」算是認可了。

其實，「起垛」的排在千萬根木頭中就有一根卡住。「開更」挑垛的老手要從這數不清的木頭中，一眼分清是哪根卡住，然後手提一根三米多長的鐵棒，從岸上跳到排上，一跳一跳前進，腳踩在翻滾的原木上就像走平地一樣，因稍一不慎落入水中，人立刻就被擠成肉餅。他來到垛前，就要使好寸勁兒猛力一挑，只聽「轟隆」一聲巨響，木垛落了。排又經過重新的穿修，就可以流放了。

可是，如果開更的人技術不到火候，就會被擠進原木縫中。這叫「對縫」了。轉眼間人就成了肉餅，喪失性命。

吃排飯也要懂規矩，要有先來後到。每到這樣的季節，岸上坐著千奇百怪的「吃排飯的」人。他們往往看「價」而動。

排一「起垛」，頭棹徵得本木營掌櫃的同意，就要出價請人「開更」。這一類是木營出錢講價；還有一類是這一季包給某某木把，這「開更」所有的花銷都由承包人自己定奪。往往請一個「開更」的，這一季的活算白幹了，但不請又不行。

一看木垛越起越高，掌櫃的或派來管事的就大喊：

「誰來開更，大洋二百啦！」

岸上吃排飯的人都不動聲色。

掌櫃的又喊：「三百啦！」

還沒有人吱聲。

「五百啦──！」

有人眼神兒動了動，看看四外。

周圍，已有人蠢蠢欲動。有許多吃排飯的，為了爭這次開更，已動開了刀槍。

有的一看對方要下手，就問：

「你屬於哪山的叫驢？」

另一個也惡狠狠地回答：「吃東山馬二爺的飯。說話帶刺，小心我敲碎你的腦瓜骨。」

那人也不讓份，說：「你吃肉，也得讓咱哥們喝點湯啊……」

「穆桂英掛帥──你還陣陣落不下呢。」

「好小子，你真尿性。」

他們往往爭得你死我活，互不相讓。

吃排飯的除了讓地方上的土匪、馬賊們「吃票」外，還有的靠官兵、屯大爺、軍閥和地痞無賴什麼的。誰的背後「靠」得硬，誰就能爭取到好的「開更」活。

開更人如真的挑開了垛，也真得拿著大洋到絡子上，打開錢褡子，「嘩」一聲把大洋潑撒在炕上，說：「大掌櫃的，留弟兄們花吧。」

土匪們一看他挺仗義，也樂了，往往說：「爺們兒都是咱自家的人，出生入死的血汗錢兒你留著花吧。」

吃排飯的這時才能說：「謝大櫃啦！謝弟兄們啦。」

土匪和吃排飯的一般的分成是三七開或四六開，到後幾十年越來越少，也可能只吃一成。但對不肯來靠絡子吃排飯的主兒，土匪們也不敢輕易動他們，要打聽好了他是吃誰的「靠」，不然惹出麻煩，會兩敗俱傷。

當年，在長白山裡，流傳著著名的吃排飯的老漢「董炮」的故事。在北流水和南流水的望江樓兩江口一帶，一提起「董炮」，木把們那是人人皆知呀。

那是一九〇一年前後的一個秋天，長白山裡被木幫湧滿了，誰也說不準有多少伙放山流送的大櫃，因為這年的七月，臨江大木把「金懷塔」的木排在「閻王鼻子」起了垛。

閻王鼻子，真是名不虛傳的閻王地府，這兒距門檻子哨半裡之遙，和閻王鼻子緊挨著，最長的排前後這兩個危險哨口正好搭界。那年，金懷塔的六副排到了這兒，中間第二副一下子撞到閻王鼻子哨口的石崖上，後邊江水一拱，當時起了垛。開更的大洋從五百起價到千元以上了。吃排飯的人命也搭上了兩條，再沒有敢下手了。

這可咋辦呢？現在，價已出到一千二百大洋，可沒一個人敢照量了。

這時有人提議找董炮。

董炮，這位當年在長白山裡有名的吃排飯的老手，他原是山東掖縣人，領著三個兒子闖關東來東北，專門「開更」挑垛吃排飯，可是三個兒子死了兩個，全都是挑垛開更時喪的命。剩下一個兒子，也讓木排砸斷了腿，癱在炕上。

董炮那年已七十歲，幾年前上山打獵，眼睛又讓火藥咪瞎一隻。他如今能頂硬嗎？可是，不找他又沒別人。當下，金懷塔拍板定奪，決定親自去請董炮出山。

那時，董炮住在離閻王鼻子四十多里遠的楊木林子屯。像他這樣吃排飯的

名手不用在岸邊哨口候著。當下，金懷塔等人騎著毛驢到那兒，天近黃昏了。

他們從前只聽說有個叫董炮的，也沒見這人面哪。進了屯，他們見路邊有個碾坊，聽裡邊有嗡嗡的拉磨聲，他們就停下來問：「有人嗎？」

許久，碾坊裡房傳出一個蒼老的聲音：「找誰？」

「董炮老漢。」

「找他幹啥？」

「你知道他住哪嗎？」

「你找他幹啥吧……」

金懷塔手下的有幾個人不耐煩了，剛想發火，金懷塔一擺手，老謀深算地一笑，說：「我們找他有要事呀。你認識他？」

「有要事？」那人還是不出來，只是說，「有啥事，說吧。」

金懷塔說：「這麼說，你真認識他？」

老人在屋裡說：「何止認識，俺就是……」

「啊？」金懷塔樂了，說，「大爺，俺是請你去開更。」

「開更？」

「對。」

「哪兒的件子？」

「長白金懷塔。」

「啊，是金大櫃。咳，不行。我老了，老了，恐怕幹不動了……」

「不，你行，能幹動……」

「能嗎？」

說完，碾坊破門「吱扭」一響，一個人慢慢地走了出來。

他一出現，所有的人都洩了氣了。只見在夕陽殘照的碾坊前，一個又老又小的小老頭站在他們面前。

這老頭，頭已經謝頂，一隻瞎眼已經乾癟，滿臉的皺紋，大夏天還穿著一件破棉襖，而且，背已經駝了，腿也彎了，根本不像民間傳說的那個神奇的挑

垛老漢。

別說別人，就是金懷塔本人也以為自個兒的眼睛出了毛病，一時愣了神兒。

還是老漢自己發問道：「你們找我？」

金懷塔說：「你，你是董炮大爺？」

「這屯子就我一個姓董的。怎麼，不像？」老漢可能也發現了對方的驚訝和冷淡。

老漢於是說：「我可能是不行了吧。」

金懷塔說：「行，行吧。」

他本是順嘴說好話。如果當時對方堅定地說，別勉強了，拉倒吧，那也許就拉倒了。

可誰知，老漢卻說：「行？行我就去試試。」

「……」

看大夥愣著，他又說：「走，先到我家去取『挑棍』。」然後他卸了驢，帶領眾人去了他家。

事情到了這個份兒上，推辭還不好辦了呢。大夥便硬著頭皮跟著董炮進了他的院子，只見一個癩巴兒子正拄著拐在燒火做飯。一看來了人，也愣了。

老漢說：「三兒，來客人了。做的啥呀？」

「有啥呀！大餅子，蘿蔔燉土豆。」

「這哪行呢。來客了沒肉……」

老漢說著，向天空撒目（看）。

也就是巧，這時，就見天上飛起一群野雞什麼的。老漢自言自語地說：「也沒啥下酒的，拿兩隻嘗嘗吧。」

大夥本來心煩，並且，知道找錯了人，都想走，哪有心思吃他的飯哪。可好歹人家是一片熱心。可金懷塔想，這老頭是不是吹牛呢，也好看個究竟。於是說：「來兩隻也行！」

「行？」

「行。」

說著話，這老頭一步跨進屋，從牆上取下火槍，連裝帶瞄不到半袋煙工夫，只聽「噠──！」的一聲響，三四隻野物從天上栽下來。

槍一響，蹲在他門口的一隻大黃狗忽一聲竄出去取獵物去了。

這下子，大夥樂壞了。

金懷塔帶頭叫好：「大爺，你老真是名不虛傳哪！還是那麼好的眼力。」

「不行了！不行了！」

董炮連連叫著，搖搖頭，又說：「這次也不知能不能挑開。」

金懷塔和夥計們齊聲說：「能！準能。」

於是，大夥吃完一頓野味，就和董炮出了村。

果然不出所料，董炮當天晚上到閻王鼻子，半夜大標月亮地，他「嘩啦」一聲就挑開了垛。

關於吃排飯的董炮似的神祕人物，在長白山裡是大有人在呀。這就是中國大東北的傳奇，足以震驚世界各民族，這是人類真實的神話。

木幫文化造就出一批奇特的英雄人物，這些人物構成一個特殊的社會，並把許多人都帶進這種文化中去了。

吃排飯的人早早就作好競爭的準備。而且這種生活變得越來越壯麗。如老山裡有一個地方叫二十道砬子，這兒土匪也捲進了這種行當。

這一帶男人的主要事業是「落草」（當土匪）。如果一個男人活到了三十歲還沒有去落草，左鄰右舍就會認定你沒出息。爹娘看不上你，姑娘媳婦們也會在背後戳你的脊樑骨說，這純粹是個廢材。

廢材幾乎和「廢了」一樣狠。男人們若挨上這樣的指責，就等於被開除出男子漢的行列，再無臉見家鄉父老。

落草又標誌著男性的雄壯，落了草回屯或路過屯子一律說去做買賣，一個個揚眉吐氣，耀武揚威地在土街上走，晃得女人們一個個穩不住神，於是女方

家托上媒人，開始說合和他們結親。這是出息呀，窮屯老山裡的人誰見過出息是啥樣？一個漢子幾年出去了，回來腰裡別著「傢伙」（槍枝），不是出息嗎，姑娘們夠都搆不著，爹娘們盼都盼不上。

有一個人叫宋老三。

家住江東沿。

早春，松花江閃著灰色的冰光。

那一年春上，老天灰濛濛的，狂風整日吹刮，把江面上舊雪掃盡，露出冰的本來面目。

冰再也不晶瑩了，裂開條條尺把寬的冰縫子。殘雪在冰縫裡融成灰色，顯得荒冷。

一冬天，靠江漁戶在冰上鑿開一處處冰眼，使江透了氣。於是，風從冰眼透進去，鼓動了冰下的江水起浪。冰層漸漸泡薄了，於是開江就快了……

春風整日吼叫，老人都說，快開江了。冰日夜發出驚人的破裂聲，江邊人家心底也在起著一種騷動。沉了一冬了，漢子們貓在老屋子裡像昏睡。開江使他們振奮，該幹一番事啦。

一早上，江東宋家窪子宋老三抽了一口煙就罵兒子宋純五，白養活了你這麼大，快三十了不見你有什麼出息。

爹是江東出名的土木匠，專打木車什麼的。宋純五從小在家給爹打下手，磨刀下料，幹些邊邊拉拉的活。爹拿吊線的眼睛看他，總覺得兒子沒啥長進。

爹罵罵叨叨的。

「你看看人家老邱家，那小子十九就去『老北風』那落了草，三五年就出了名。那才叫漢子……」

「你再看看你！從小殺隻雞手都哆嗦，見了血珠就麻爪！我咋養活你這麼個貨……」

兒子不吱聲。他和爹一齊把一架一架打好的木車推進已開了冰的江灣子裡。這是山裡土木匠車鋪的一道工序。水中不透氣，木車在水中把木的樹汁壓

干，車不易起蟲子；樹汁被提出後變成陰沉木，車會像鐵一樣結實；而且水一泡木卯就漲死，永遠不會鬆動。

爹和兒子都光著頭，在寒風中滿頭大汗地往江中推著木車。推進去的木車要等第二年秋天才能撈出。風乾，涮油，再賣出去。

而這些木車早已有了主。幾百里地之外都使宋老三的木車。他活好，車扛造，鬧套的翻縶的輪子也能擺過去。

爹拿一把錘子，兒拿一把斧子，爺倆兒隨時把鬆了卯的木車擂兩下子。

爹還在罵他沒出息不去落草。

兒子氣極了，使勁兒捶兩下木車幫。

老爹覺景了。說：「你幹啥？想起屁（造反之意）……」

「不想起屁。」

「哼，我是你爹！」

「啥爹不爹的，不就比我早來兩天嗎？」

兒子敢於用這樣損的話罵爹，老爹一蹦三尺高，他操著錘子就奔兒子而來。兒子眼已通紅，手握利斧照準老爹光禿禿的在寒冷的春風中閃著光的腦門就是一下子。老爹腦門子掛了一片彩，瞪著雙眼慢慢地倒進江邊冰水裡。宋純五一驚一愣，撒腿就往山裡跑，於是落了草。

在關東山裡，落草就像上樹掏幾個雀蛋那麼容易，落草就得有報號。馬賊土匪的報號也取絕了，叫啥的都有。輪到宋純五，別人都知道他把老爹「送」上了西天，他又姓宋，於是就叫他「宋老人」，一來二去的就叫成了「送老人」。

送老人以他的凶狠頑強，幾年間就出了名。他率人截了朝廷給邊驛的兵餉，於是犯了死刑，被壓在臨江牢裡。等死的馬賊還有啥盼頭呢，他受著平時他折磨別人的「木驢子」的折磨。木驢子，這是一種小缸粗細的倒木，摳出兩腿粗細的兩個洞，把他的兩腿伸過去，再把腳脖用鐵鏈連上。木驢子正好卡在大腿根處。腿和屁股都不能動。可怕的是成片的蛆蟲螞蟻日夜在嚼著他的腿和

屁股肉，蟲子們在他的肉裡做了窩，使他全身奇癢無比。抓撓手又鎖著搆不
著。於是下身的爛肉生了蛆，蛆順著下邊爬上脖子、耳朵、眼睛，甚至嘴裡。
他瘋了一樣，往往一邊往外吐著蛆蟲一邊發狂地叫……

「讓我死！給我一刀吧……」

死牢裡無比寂寞。

沒有人管他。沒有人理他。只有一個啞巴老頭每天給他送飯。他日夜傾聽
著蛆蟲嗑他皮肉筋骨時發出的細碎聲響，在漫漫長夜裡是那麼清晰……

這樣，有一天夜裡，一個獄卒領著一個外國人來到死牢。

獄卒說：「呶，就是他……」

洋人不動聲色，呆呆地站在木籠外，看著送老人把一個一個的蛆嚼碎嚥下
去了。洋人滿意地點點頭，就又和獄卒走了。

第二天頭响，臨江大獄監事關作霖在獄卒帶領下親自來到送老人的木籠
前，說：「送老人，我想給你指條明路。」

送老人說：「姓關的，我要死路，快點吧！」

關作霖狡詐地笑笑，捋著細細的山羊鬍子說：「不，你不能死。我派你出
趟差。」

「什麼差？是給閻王送信？」

「差不多，是摸閻王鼻子。」

「我現在是出西門，過橫道，槍一響，就完蛋。有屁你快放吧！」

「好，小子痛快。」

於是，關作霖說出了自己的打算。也是那洋人的打算。原來，他有一批大
煙土，要從臨江運到丹東去，然後渡海運往歐洲。可是沿途到處是賊。要順利
到達，洋人懂得中國的民俗，要以惡克惡，以賊防賊。關作霖收下了洋人的五
千大洋，才決定把送老人從死牢裡買出，由他押送煙土到丹東一路會萬無一
失。

「我日你媽！關作霖！」送老人破口大罵，「我死在籠子裡，也不給大鼻

子幹⋯⋯」

關作霖聽了，只是得意地笑，連連說：「好！好！有骨氣。」然後他一揮手，叫人抓來一土籃子蠍子，倒進了木籠子⋯⋯

蠍子們爬上了送老人的臉面，大肆地咬他的肉，喝他的血，宋老人爹一聲媽一聲地叫，最後說：「關作霖我日你個奶奶！我幹！」關作霖嘴角露出一絲得意的笑，又說：「行，行。我叫你看一個人。」

三天后，送老人被人抬到一間亮堂堂的大屋子的火炕上，那兒擺上了酒。

老洋人托馬斯也來了，作陪的當然還有關作霖。酒過三巡，關作霖說：「英雄，來！讓我敬你一杯。」

托馬斯是美國菸草商，就在關作霖給送老人敬酒之前，他一直用審視的目光上下打量著這個滿臉傷疤的送老人，滿意地喝著紅葡萄酒，不斷地點頭讚許關作霖。

關作霖呷一口酒，說：「煙土押送到南海（丹東），你就自由了⋯⋯來人！」一個小卒應聲而至遞過一樣東西。關作霖展開，原來是牢獄處置死囚的「造冊」。第二十八頁上分明寫著：宋純五，報號送老人，已於甲申年春驗明正身，臨場處死。他的名號上畫著紅槓。

老洋人托馬斯叫道：「妙（苗）！妙（苗）！」

聲音像春夜叫秧子的貓。

關作霖繼續說：「聲明你死，世人皆知。送完貨你拿上大洋。領上個靠（女人），到老山裡過日子去吧⋯⋯」

送老人冷笑一聲，猛喝一口酒說：

「想得怪好！你不怕我跑了⋯⋯」

「不怕。」

關作霖說完，叫道：「帶人！」

一陣凌亂的腳步聲後，幾個人押著一個老太太站在窗外。

送老人一眼認出這是娘。

「娘──！娘──！」

他苦喚兩聲，兩眼頓時湧出大顆的淚花。

那年他失手砍死爹，也終於離家落了草，可家裡卻苦壞了娘。娘想他幾乎想瘋了，幾次到絡子裡勸他「拔香頭子」（洗手不幹），無奈他送老人的名分，幾次不能隨娘走。可他打心眼裡知道再不能害娘。不然他將成了個無爹無娘石頭嘎嘣出來的種。關作霖這王八犢子不知從哪抓來了老人家。

老太太也看見了兒子，淚漣漣地喊：「純五──！純五我的兒呀……」

老洋人又喝了口葡萄酒「妙（苗）妙（苗）」地叫了兩聲。關作霖說：「我相信你不會跑。你若跑也行，撇下你老娘，也會套上木驢子，住你的牢房，讓毒蟲吃你娘的肉，你願意？」

「我日你奶奶──關作霖！」送老人一腳把酒桌子踹下火炕，關作霖哈哈大笑，一擺手讓人帶走了老太太，老洋人晃晃頭，又喝了一口老酒……

關作霖拈著下巴上的細須：「啥也別說了，眼瞅著要開江了。給英雄備木排，不日老排下水，往南海送貨……」

春風淒冷地掃著冰面，野草拱出舊雪，山地上開始泥濘了，殘雪一片片在消融。

坑坑窪窪的地方的雪化成了薄薄的閃亮的冰片，春風時而把它們吹颺起來，在荒冷的野外飛著，碰在一棵棵枯乾的野草上，無聲地粉碎了……

江面上冰水越積越多，老風把冰水吹成漣漪。江面上冰日夜咔咔地響，震著大江兩岸人的心。

不知為什麼，自古開江總是在夜裡。老人們說開江殺生，龍王爺不忍心讓人扎眼，所以總是在夜裡。

送老人決定為老洋人押送菸草去丹東的消息伴著春日老風傳遍了關東各個口岸，上游下來買老排繩套的人把信傳到船場，傳到大肚子川，傳到大疙瘩，傳到甸子街，一下子激怒了一個人，這人就是「白狼」。

白狼叫白朗，老家龍江樺川人，落草太早，十六歲就在羅北「拉桿子」；

老爹是樺川皮鋪掌櫃的，他十三歲就和爹走大車店當「檳大桿的」（往大車店送鞭桿、鞭哨、馬具），因此認識了眾多土匪。

老匪們吃著冰糖球唱著歌。「青紗帳立起來，拎槍騎馬入大排，不搶無房無地的戶，專搶叫人撒歡的大老財；要飯就叫漂洋子，乾枝子專燉翹腳子；又能抽大煙，又能打天九；窯子先打響，再把馬匹搶；要想把錢撈，專門綁紅票；眼光看得遠，就當降大桿；兵餉揣腰間，再逛煙花街（該）；活該我逮著，草莽出英豪。」──一下子把他的心唱活了，他扔下家裡的皮鋪就落了草。世事被爺們兒們看透了。北方最狠最狡猾的是白臉狼，他於是給自個兒報號「白狼」。白朗白狼套著叫，手下上百人，是關東地面上像樣的絡子。送老人的事把他激怒了。

絡子設在甸子街（今撫松）二道崗子大房子，這天他把所有人都召集來了。在冷風颼颼的大院子裡，他大喝一聲：「上酒……」

小崽子們把個大海碗端上來。白狼把一隻雞脖子扭斷，血滴入酒碗，把雞扔下，雙手捧起酒碗舉過頭頂，撲通跪下……

「達摩老祖，我白狼對他下手實屬無奈，我不能眼睜睜地看著這批煙土運出關東啊！」

說完，他把血酒送到嘴邊，咕咕喝下去。

眾匪們都被感染了。

一個個喊：「插了他！」

「挑了他送老人！」

「擠了他！」

白狼把酒碗「啪嚓」摔碎，說：「他媽拉個巴子的，有種的上。走，上臨江……」

在一宿之間，大江湧起了壯麗的冰排。

白狼找到了送老人，爭這筆買賣。結果送老人利用官力征服了白狼，而他在運送煙土的途中，老排起了垛，連人帶煙，永遠地葬身江底了。

像這樣悲壯的故事，在中國的東北長白山，在松花江、鴨綠江邊，比比皆是，永遠震撼著中國人的心。

　　今天，我們已把「吃排飯的」文化作為一種重要的歷史文化來加以研究，意在總結出這種文化的宏觀力度，並以此來測試木幫文化對世界文化，對東北亞文化、歷史、經濟、宗教和哲學觀念的再生和影響。

　　所說「吃排飯的」還有另一種現象。

　　那就是專門搶放排的排夫。

　　從前，在南流水鴨綠江上，有一個地方叫「馬面石」。

　　這個哨口非常特別，這兒有一塊石頭，有兩鋪炕那麼大，又大又平，木排到這兒，往往正和這塊石頭拉平。

　　問題就出在這兒。由於有了這種方便的登排石，搶人的吃排飯之人往往隱藏在馬面石後邊的水裡，當木排一靠在石頭上，他們立刻跳起來，和你講條件，不然木幫休想通過，這是明目張膽的一種搶排。

　　據冷溝子老排夫額大爺和老木把季大爺的兒子講述，當年在馬面石，有土匪和吃排飯的在此等候。

　　他們往往是這樣。

　　當老排一靠上馬面石，立刻有賊從水裡爬上來，登上了木排說：

　　「爺們兒，沒別的，凳高了，腿短了，今兒個你也看到了。我領弟兄們，過得也不易，就指望放排人養活俺們。至於給多少，爺們兒你照量辦吧……」

　　木把也知道這是遇上了。

　　頭棹站在排頭，一作揖，說：

　　「爺們兒，我們今天路過這兒，還是請您高抬貴手，讓俺們過去。俗話說，我是放排的，你是吃排飯的。咱們兩張嘴，啃一塊木頭，所以都是朋友。你的難處，也是俺的難處，能不幫嗎。」

　　吃排飯的往往說：「痛快！痛快。」

　　頭棹說：「什麼價碼？」

吃排飯的說：「二十三個人，冬天沒棉褲。」

「好說好說。」

其實，木幫在開排之前，早已和櫃上談好，預備好答對「馬面石」吃排飯的人。於是把一定的錢甩給對方。

有時，吃排飯的嫌給得少，雙方發生爭執，使排過不去。

民國時期，各山場子水場子大櫃曾聯合研究清理馬面石吃排飯的「飯匪」一事，曾聯合派武裝人丁清理這兒的人。但因這些人都是馬面石一帶守家在地的住戶，官兵和武丁剛走，他們又出現了，有時還襲擊他們，所以馬面石一帶的吃排飯的人顯然是私官兩相，黑道白道都吃得開，最後各木局和大櫃也沒有辦法，只好聽之任之，順其自然了。

二、靠人的

靠人的，在這裡是專指依靠男人（木把）而生存的女人。

所說靠人的有幾種形式。

第一種，所謂「計時姻緣」。木幫特別是水場子活的木幫，當排放到排窩子時必定要投宿，這時排窩子的一些村村屯屯因為老排的經過而逐漸地繁榮起來。相比之下，木把們兜裡有點錢，也會得到一些女人的羨慕，所以木把和女人之間很容易產生一種臨時的姻緣關係，我們稱之為「計時姻緣」。

在當年，沿鴨綠江至丹東一線，沿甸子街至船廠一線，有許多「海檯子」（人們對那些曾經在木把身上得過手的人家的稱呼），這一帶也流行著「笑貧不笑娼」之俗。

這些人家的女人，有時也羞羞答答地接待木把，既想掙點錢，又多少怕世人的目光和傳統的指責。因此還流傳著這樣一個故事，說起來好心酸。

據十四道溝黃胡大爺講，他認識一個木把，叫亮子，四十歲也沒摸著過女人的邊兒。一日，他們的老排停靠在馬市台，他攏好排一抬頭，看見一個女人挎個筐去豆角地摘豆角子。

這女人已是三十五六歲的年紀，五個孩子的母親了，但日子窮，也常聽人說木把兜裡有錢，但因他們是孤身男人，從來沒見過女人，所以錢好抓，於是故意放慢了腳步。而亮子也是有意，就上去搭訕。

　　亮子說：「妹子，上地呀？」

　　村女：「嗯哪。大哥從哪兒來？」

　　「長白。」

　　「做木頭的？」

　　「嗯。木排剛攏上岸。」

　　她心裡說，我還不知你剛攏上岸。於是故意驚訝地說：「呀，放排的？大哥家裡啥人呀？」

　　「沒啥人，就一個老媽。」

　　「屋裡的呢（妻室的意思）？」

　　「沒有。說不起人……」

　　木把一看對方要走，就急著問：「妹子，你家都啥人？」

　　「俺一個人，領一把孩子過。」

　　「他呢（指女人丈夫）？」

　　「前年撒手走了……」

　　說著，女人好像挺心酸，抹了把眼淚，看看木把。

　　亮子說：「大妹子，我總過這邊來，你有啥事別客氣，儘管說。你……缺錢花不？」

　　女人不吱聲。過了一會兒，說：「不能白花你的。這樣吧，你給我點兒錢，俺把身子也給你。不過，只能兩袋煙工夫，行不行？」

　　她留了個心眼兒。以為木把兩袋煙工夫差不多了。這樣她既得到了錢，兩煙工夫一挺也就過去了。亮子說：「好吧，就這麼地。」這就是計時姻緣。

　　於是，二人來到了豆角地。

　　誰知，亮子這木把，從來沒見過女人，兩袋煙工夫竟然來了七次。提上褲

子，女人掉著眼淚說：「不合適了，不如論次數了。」

木把說：「妹子，俺們木把不會虧待你的。來，哥再給你加點兒錢……」

所說計時姻緣，是指木把們知道誰家誰家的女人可以和自己結成這種關係。而平時，她們好人一樣，就只接待來來往往的木幫。

有時木把們上她們家，有時她們上木把們的排。

因為有這種情況，木把們也上過當受過騙。

有一次在蛤蟆川排臥子，一夥木把剛上岸，黃昏的夜色裡，一個女子拉住了頭棹，說：「大哥，你幫我掏掏炕洞子吧。」

「咋的啦？」

「煙囱有些日子不通啦……」

女人說著，一臉媚笑。其實，這是「勾」人的行話。

頭棹也是好心人，就跟著「女人」進去了。雙方也知道，這是一段拉客語。進了屋，女人插上門，讓頭棹給錢。頭棹說，給錢也得先辦事呀。那人奈不過，就說：「讓你給錢你就給錢，不然別後悔。」頭棹說：「我連摸都沒摸著，不行。」

那人奸笑著說：「好，你摸吧……」

那人刷一下子褪下褲子，頭棹把手往裡一摸，臉上忽一下子，汗就下來了。原來，這人是男扮女裝。

見木把愣了，他反而笑了，說：「怎麼樣？不讓你摸，你偏要摸！」

頭棹知道自己掉進了他的陷阱裡，於是說：「你想怎麼辦？」

那人說：「怎麼辦？好辦。把你兜裡那些錢掏出來，乖乖地出去。不然，我整死你，讓你死無葬身之地，永世在蛤蟆川消失。」

頭棹沒法，只好幹吃啞巴虧。

據有關資料統計記載，從前在長白山裡從事木材生產的木幫，俗稱「做木頭」的十有八九是孤身一人，沒有家口，所以這種臨時的計時性的婚姻形式，是每一個木把或多或少都經歷過的，所以這是一種木幫文化的重要的婚姻形

式。

第二種，我們稱之為季節性靠人的，也就是季節婚。在東北民間也常常被稱為「拉幫套」婚姻。

拉幫套式的季節婚是木幫文化的獨創，是和木幫行本身的性質分不開的。從前，南流水木排從春開江起排，初秋深秋放到丹東，一進入丹東的馬市台、沙河鎮、大東溝一帶，這種婚姻形態最多；而北流水的樺樹甸子、猴石、旺起和船廠最多。

這種婚姻形態的開始，有些也類似「計時婚姻」，或經過和某某認識，給介紹來的。而有許多人是木把和女人自己相處來的。這是最典型的「拉幫套式」的靠人姻緣。

那時候，馬市台北大東溝有個老曲家，男人叫曲宗貴，娶個媳婦叫胡桂英，兩口子已生了五個孩子。可由於胡桂英十六歲過門，雖然已有五個孩子，那年她才二十四歲。男人是皮鋪的「薰匠」，成年到輩子站在撈缸前鼓搗水，一來二去的著了涼，三十二歲那年就癱巴了。

他這一病，把個家和五個孩子撒手交給了胡桂英，七張嘴叫喊著要吃要喝，這一下可要了胡桂英的命。

那年，到了八月仲秋，一副副老排從上游漂下來，整個大東溝都滿了。早上起來打眼往江灣海口上一望，排上木把做飯的炊煙像雲彩一樣在地平線上漂蕩，厚厚的一層。

桂英家的鄰居有個女人叫翠花，這兩天天天搽脂抹粉，出出進進笑眯眯的。她男人在家給做飯，把好房子的南炕騰給媳婦和木把。人家的孩子整天嘴裡叼著糖，連燒餅都吃夠了，扔在洋溝裡的饅頭，叫老曲家孩子撈出來，可是已經爛了。

從前有句俗話：木把來到丹東縣，豬鴨雞狗都換飯。

老曲家兩口子看在眼裡，痛在心上，可誰也不開口。

這天早起，翠花一出門，碰上了桂英。她一愣，說：「桂英妹子，你咋還

在家悶著，可街筒子都是木把啦！」

「俺，俺不好意思……」

「不好意思你就受窮！」翠花說話也直白，「東西長在咱們女人身上，和誰都一樣。俺們小嘎他爹圖希木把的錢，木把圖希拉拉饞。咱啥也不費，怕啥？」

「這……」

「還這啥，沒幾天啦。木幫賣完木頭就走人啦。你要有意，姐給你找個老實的。說話呀，我沒工夫陪你！」說完，人家翠花擰擰達達地走了。

她們的對話，讓躺在炕上的曲宗貴聽了個一清二楚。

媳婦進了屋，男人一個勁兒地抽悶煙。過了好一陣子，男人說：「桂英，你們說的話，俺都聽到了。我癱巴這幾年，可苦累了你。我不能照顧你和孩子，還連累了你們。眼下，木把們都滿街了。孩子他媽，有可心的，你尋一個吧。我不能總占著這鋪炕……下屋棚子涼涼快快的，俺去住。」

桂英說：「孩子他爹，你說什麼呀！」

「唉，我不知咋就說出這樣的話……」

媳婦嗚嗚地哭開了。

男人又說：「就是你同意了，我心裡也不是滋味呀！不是心疼我自個兒，是心疼你的身子。但我又知道你這是為了家，為了我，為了孩子……」

男人說著，也哇哇地哭開了。

女人嗚嗚地哭得更厲害了。

話都說到這份上了，胡桂英心裡也在盤算著。

事情也就湊巧，翠花來到一副排上，是二十四道溝劉德臣把頭的老排，十來個木把見了翠花，都爭著拉她的手。翠花說：「這兒不方便，上俺家吧。」

木把問：「你男人呢？」

翠花說：「瞅你們問得這個笨，這個節骨眼上男人都找地方躲出去了，寬寬綽綽的大炕，一順水的留給了你們木把！」

木把們一聽，樂屁了。

於是，大夥立刻講了價。就要走時，翠花忽然想起了桂英的情況。

她帶著四個木把往她家（因木把一般情況下不留女人在排上住，怕出事，不吉利），到了家門口，翠花對其中一個看起來挺老挺老、歲數大約有五十歲的老木把說：「你到那家。」

她又喊：「桂英！來客了。」

這時，桂英已收拾得差不多了。她抹了把淚走出來。

翠花一指說：「就是她⋯⋯」

事情越巧越是巧。這老木把叫劉老四五十歲人了，從來未摸過女人邊兒。放了幾十年排了，這回到丹東，他見別人都去打「海欄子」（暗娼）風光風光，自個兒也動了心。加上翠花來了一宣傳，說她們這些人乾淨，年輕，身子好沒有病，又不騙人，不像窯子裡的胡來，於是就活了心了。聽翠花一介紹桂英，他愣了個神兒。

再打眼一看，站在他面前的桂英，穿著一件洗褪了色的藍布衫，頭梳得平平整整的，小個不高，很瘦，小臉丁丁香香的，挺招人喜歡，又挺叫人可憐。劉老四就跟桂英進了屋。

他第一次嘗到了女人的滋味，彷彿這才知道他這一生一世沒白活。於是在丹東的一個來月，他幾乎天天長在胡桂英家，種地幹活，把曲宗貴的孩子們打扮得利利索索的。他呢，也讓胡桂英給收拾得乾乾淨淨的，人好像一下子年輕了二十歲。

從此以後，每年一趟他來丹東。頭半個月，曲宗貴就跟女人說：

「孩子他媽，準備準備吧。」

她呢，也像迎接自己遠方歸來的丈夫一樣，拆衣洗被，收拾屋子掃炕。一切都弄好，等著劉老四。

這是一種典型的「季節婚」──木把拉幫套姻緣，像這種形態的婚姻在當年的長白山裡和大江沿岸是舉不勝舉。

這一年，劉老四又來到胡桂英家。女人告訴他，自己已有了，是他的骨肉哇。一聽是他的骨肉，劉老四樂壞了，於是幹活更加賣力。並把所有的錢都給了女人。

在當年，這種婚姻形態最讓男方不能接受的是自己孩子不能叫自己一聲爹，但傳統就以這種方式，一代代保留下來，直至久遠。這是中國北方一種非常神祕生動的文化存在。

又幾年，劉老四的孩子已經五歲了，他也蒼老不堪了。在丹東待了半個月，眼瞅著天氣涼了，該返回山裡了。

頭天晚上，女人哭腫了眼睛。

曲宗貴躲出去了。早起，女人給他備好衣帽鞋子，突然摟住他的脖子，死死地不放。說：「老四呀，這些年，太虧了你啦……」

劉老四心裡也難受，但他強打著笑臉說：「唉，一點一點就好了。桂英，有你對俺好，就啥都有了。」

劉老四一步邁出院子，向官道上走去。胡桂英倚著門框，哭得淚人似的，說：「孩子他爹，頭副排你就下來，我等你。冤家呀……」

憑良心說，她一家人全靠人家劉老四的錢活著，而這些年，她慶幸自己遇到了一個像劉老四這樣的好男人。可是她不知道，這竟是她與心上人的永訣。

劉老四大步地走了。

天上大雁哏嘎地叫著，也向南飛去了。天，涼了。

這一切，都將留給歷史，形成一種美好的記憶，永遠留在包括胡桂英在內的女人們的心間。

第二年，當第一副老排從上游下來，胡桂英和往年一樣，打扮好了去江邊迎人。可左等沒有，右等沒有，眼看到了秋了，從上游下來一副老排。正是劉老四他們櫃上的夥計。

胡桂英發瘋似的迎上去，卻見排上沒有自己的人。

這時，別人捎過話，他們的排來時在老母豬圈哨口「起垛」，劉老四和另

外兩個夥計，都送了命，屍骨就埋在那兒的岸邊。說著，遞過一個小包袱，這是劉老四從山裡給胡桂英帶來的山菜和蘑菇，還有一隻樺樹皮做的小船。

這以後，人們再也沒看著過胡桂英，有人知道不久曲宗貴死了。聽說胡桂英領著劉老四的孩子走了，往上遊走了，找劉老四的墳去了。

像這樣苦楚的故事，永久地震撼著人心……

第三種形態，是木把和娼妓。

當年，大江沿岸所有的窯子，木把們沒有沒進去過的。這也是一種人之常情。同時還有木把逛窯子的種種笑話。說一個木把去了窯子，窯子娘們見他是一個木把，就沒好好「招待」他，把肚皮露了出來。

木把頭一回去，也不知道哇。完事走了。

第二次木把去窯子帶的不是錢，而是把排上的松木劈了一捆背去的。當年窯子裡是既收錢，也收物。木把一走，妓女又良心發現了，心想，木把一生一世撈不著女人，也不易。就喊：「喂！你回來！那是肚皮……」

風大，木把把「肚皮」聽成「樹皮」，以為妓女找後帳，於是回頭說：「什麼樹皮？那全是好松木桦子！」

在大江兩岸，女人靠木把生存，這已是一種地域生存特徵，是與東北的經濟和生存方式分不開的。對這種形態的探研，有助於揭開東北長白山地區經濟和文化的發展規律，有助於探研世界文化的趨勢與走向。

第四種「靠人」的是木把家庭組合的特殊規律所反映出來的婚姻形態。

木把大多數沒有家，就是有家，他們的妻子到這也是屬於「二婚」或「三婚」，這就是人們常說的：東北長白山區有剩男沒剩女。木把娶家室，不可能直接娶「黃花閨女」。這一是因為他們的經濟狀況，娶不起女人，養不起女人和家口；二是他們沒有固定的住處，今天在這個場子明天上那個場子；三是他們常年不著家，交的又都是些個窮苦朋友，被人看不起。因此，木把如能娶上二婚三婚的女人就已相當使人羨慕了。

這種婚姻本身，使木把越來越窮困，因他們養活的不是「一窩」（一家），

而是兩窩到三窩孩子。而且，木把往往對女人特別好，他們不把她們當「有過男人的婦人」看待。這是木幫文化的最珍貴之處。

從前，鴨綠江上游大木把季怡訓四十多歲才娶了帶著好幾個孩子闖關東而來又死了男人的曹月娥。老季對月娥疼愛得像心上肉。老季一開排，月娥在家惦記，於是便學會了喝酒。

月娥理解丈夫。每到年節，那些沒家沒業的木把就投奔到她這兒過，她要蒸上幾大缸饅頭招待這些人。

她學會了抽菸，因總給別的木把點煙。

到老季家，她又生了一窩。

兩窩孩子都是她的骨肉。她要求老季一視同仁。老季二話不說，都當自己的孩子待。這是木幫的美德，是東北人善良憨厚本質的表現。所以這個現象可以說明，長白山裡的木幫要的是女人，但他們更珍重的是親情，這是一種典型的「靠人的」和木把結合的一種形態。

三、頭棹劉德來的故事

暮春，老山裡死靜死靜的。

白天和夜裡，只能聽到撲撲的沉悶聲響。那裡變得灰白的雪塊，一堆堆地從樹枝上滾落下來，江邊的冰開始開裂，這是快開江的訊號。

接著晝夜颳起了大風，枯樹和荒草、爛樹葉子漫天飛著。可是剩下來的日子裡，又出奇地平靜。

平靜，意味著大江要開了。

江水中的冰層開始慢慢地融開、解體，似乎在靜靜地等待什麼。

終於在一天夜裡，大江突然雷鳴般地爆響，震得山野在搖晃——開江了。

不知道為什麼，東北的開江都是在夜裡，人們傳說，開江是殺生的事，老天爺不忍心看見萬物的死亡，於是將開江改在夜裡。第二天早上，當人們來到江邊時，大江已冰排咆哮著，奔騰著，奔向了遠方。

這樣的日子裡，打扮人的進屯裡來了。他邁著方步，在屯道上走來走去，顯得很爺台。今年放排的東家派下來的打扮人的叫許鳴久，外號叫許大白話。大夥明明知道他生下來就沒說過一句真話，可還樂意信實他。

「走吧，走吧！到南海當大爺去……」

「沒女人的，到馬四台站一站，啥癮都過了。」

人們都點頭，那是，他許大哥說的一片實情。木把們將丹東叫南海。北流水從臨江起排，一房高的浪頭從望江樓排窩子帶排衝下，一路上要經過九九八十一哨，每一個哨口都足以要放排人的命。馬四台是丹東邊的一個屯子，送排和往回拉槽子的木把都必然在這歇宿打尖，各家的女人久而久之都成了「海檻子」（暗娼）。這裡笑貧不笑娼，更有一些靠拉幫套的女人，自己帶孩子維持不了生計，便在木把裡找好心的靠上，這叫「靠人的」。因此民間常說「木排放到馬四台，誰也不願再回來」。

人們圍住許鳴久，看他背來的嘩嘩響的大洋和一厚杳子官貼，羨慕地嚥著唾沫。

大夥操著袖頭子，站在刺骨的春風裡，擠前擠後地問價。老價不變，頭棹放到南海大洋四千五，二棹三棹折半，小打——江驢子（回來拖槽子的苦力）一律一千三。

價格開得不低，可老木把們誰也不敢照量，生荒子們張羅得挺歡實。可打扮人的都不理他們。當時有人提出「放劉德來頭棹！咱們當江驢子……」

「剛領回個小媳婦，守都守不過來。還能捨開？」

「五月初幾的月子！」

打扮人的臉上露出一絲不易顯現的喜笑，說：「你們如果能把劉德來搬動，給你？」

大風中，老木把和生荒子們嗷嗷叫，走，找劉德來去……

劉德來，老家在山東掖縣，從他爺爺那輩就闖關東過來。他說，他在關東掙了錢就回關裡家。可熟悉他的人都說，他爺爺那陣子也是這麼說，到老屍骨

還是拋在了關東。

他發誓掙足錢回關裡家。從前，他有過一個媳婦，比他大七歲，又老又醜，媳婦有個妹子，人生得挺俊，就是羅鍋（駝背）。

有一天，他逗媳婦說：「把你妹子也嫁給我吧……」

「小樣！有能耐你自己牽線。」

「真的？」

「嗯。」

媳婦本來是氣話，誰知卻弄假成了真。丈母娘家也靠江，離這五里地。

有一回，屯裡來一夥野檯子戲。他說：「我去找你媽和你妹子來看戲。」在丈母娘家吃完飯，他就張羅走，他看小姨子在屋梳頭，就領丈母娘出了屋。走到院外他對丈母娘說：「你在這等我。煙袋忘屋……」

他進了屋，就抱著小姨子不鬆手。

小姨子臉紅了，就心跳地喊：

「娘！俺姐夫要……」

娘在院外不知女婿要啥，就說：

「要啥給拿啥唄！一個你姐夫。」

後來媳婦得癆病死了，不久丈母娘跟去了，他就把羅鍋小姨子娶了過來。從遠處一打眼，那鮮亮亮的小媳婦活脫脫像他的小姑娘，劉德來希罕她如掌上明珠。

人們湧進屋裡，齊忽拉地給劉德來跪下了，七嘴八舌地勸他說：

「打扮人的進山了！渾身都是錢……」

「就你水性好，領我們闖吧……」

「劉德來，你行行好，積積德！」

劉德來傻呵呵地笑，蹲在炕上抽菸。小媳婦，紅紅的嘴唇，在炕上拉住丈夫的胳膊不放。

大夥說啥的都有。

劉德來突然大笑起來，他從炕上跳下來，在鞋底上猛磕著煙鍋，爽快地說：「別費口舌了，誰說我不去？我去。掙了盤纏明年開春帶她和孩子回關裡家……」

大夥發瘋似的在他的破屋裡跳起來。

小媳婦，挺著鼓鼓的肚子，默默地盯著他，一對一對晶瑩的淚珠，滾下面額，沖開了他廉價從船場買回的「英女霜」，她臉上一道一道的……

上排的人該到動身的時候了。

各家都傳出女人們撕心裂肺的哭聲。屯子裡一時雞飛狗跳牆。女人們戀戀不捨地送著男人。

「你，咳！別忘了我呀……」

「到馬四台歇腳，良心放正了。」

「孩子他爹多保重！」

打扮人的許鳴久在一旁罵：「大老爺們兒，別他媽黏黏乎乎的！快走！快走……」

羅鍋小媳婦緊緊揪住丈夫的破袖頭子，泣不成聲了。劉德來就勸：「木排運到丹東，金子銀子就會嘩嘩淌啊。」他表面上裝著無事，心裡也怕得慌。他屁股下坐著一個木箱，裡面有八千大洋和一些吉林永衡錢行的官貼，萬一遇個岔頭，他好用此答對這些「江驢子」。

按櫃上的指點，二掌櫃的要把排送過老惡河。此去南海要經過九九八十一個哨口，過惡河哨口才走了三分之一的路途。然後他再返回山裡打扮第二排。

排晃過夾灘子，前面就是馬面砬子。有人突然喊：「看哪！黑霧！」

本來天空晴朗萬里無云，可人們抬眼望去。前邊一里遠的天空上，真有黑霧從西北天際湧來。轉眼天空翳黑昏暗，霧氣迎面壓來。接著冰冷的細雨如毛似風飄燈花！「生了姑娘，不起名；是小子，就叫五亮子。今生今世奔亮處……」

「冤家呀……」

小燈花，把小臉深深地埋進丈夫那溫暖的有一股熟悉氣息的胸脯裡，張著嘴，無聲地哭著。

家鄉的老老少少，都送別江邊，可男人們已跳上木排，呼喊著開排了，排在冰河浪尖上起落著，奔向遠方，岸上頓時響起女人們的一片呼叫哭喊……

排上的「花棚」裡，二掌櫃的李福點上了煙袋，滋滋地吸上了。他心裡有了底。此去南海，他通過打扮人的巧妙地調來了劉德來，只要木排順刮而下，雨裡全是黃泥細沙，抽刮得人睜不開眼睛。黑霧刮了兩袋煙工夫，漸漸消失在東南。大家一看，各人身上頭上，都落了二三分厚的黃泥。掌櫃的躲在「花棚」裡未遭此害，可「花棚」已變泥棚。

大家你看看我，我看看你，忍不住哈哈大笑。

再看排上，已落了一層厚厚黃泥。人在上面稍一移動就會滑個仰面朝天。這時，二棹看見排尾上有個小狗大小黑乎乎的東西，「嚕嚕」地叫著，一邊爬一邊摔跟頭。

劉德來說：「準是誰家的小狗，讓這霧給刮到排上來了。」

二棹急趕過去抱起小東西。站在排尾冰冷的江水一衝洗，他驚叫道：「不是狗，是熊！」大夥圍上去看，真是一隻熊。這只小熊以為到了家，找了主，伸出紅紅的小胖舌頭舔舔人手。

「這玩意兒歸我啦。」李福說。

劉德來說：「把它扔到岸上去。大熊丟了崽子，不找才怪呢……」

李福就是不吐口。二棹和三棹也挺希罕這只小熊，就勸劉德來，留下來吧，咱們幾個在排上，也挺孤單的。多一個喘氣的就多一份膽……」

劉德來罵一句：「真他媽熊貨！」就走開了。

傍晚，老排過了「大姑娘哨」，決定在「棺材砬子」找宿安歇。

排靠「棺材砬子」岸邊，天已完全黑下來了。岸沿上有四五盞馬燈，游來游去。那是幾家窩子的東家拎著馬燈在叫客。

李福令人扛著大洋箱子，他懷抱著那隻小熊，領著劉德來他們上了岸，立

刻有一幫客棧掌櫃的圍過來，又拉又扯。

「爺們兒！到家了。走，上我那兒安歇吧！酒菜管夠，還有『山裡紅』陪著……」

「來呀！到我那兒！包你滿意。」

「走哇！管吃管喝管睡。」

在黑暗中，在各種嘈雜的叫聲裡，二掌櫃的努力地分辨著「悅來客棧」那有點沙啞的叫聲。邵友和望江樓掌櫃早有契約，凡望江樓的排伙子都要宿在悅來客棧，一來收費低微，二來領排的「櫃頭」可以得小項。

好半天，邵友才提燈籠氣喘吁吁地踩著泥濘的江岸跑來，一把拉住二掌櫃的袖頭子說：「李大哥，我來晚了。多包涵多擔待。我知你能擔待人……」又小聲伏在李福耳邊問：「幾位兄弟？」

「四位伙子。」

「就怕『海檯子』不夠，現把老朱家媳婦給說動來了……」

「老朱家？」

「對呀。男人癱巴，下不來炕，全家活路全靠她。人好著呢。」

「你別拿『死期孩子』（指從妓院裡借來的妓女）和我們打馬虎眼。」老練精明的李福點了他一句。

邵友著急了，對天起誓，說：「大哥，你還信不實我？我啥時對你有二心？這個女人，保你走後忘不了她。」

李福說：「都他媽這麼說，誰知是真是假……」

說話間來到了離江邊不遠的「悅來客棧」。這是沿街筒子的一溜五間套房，門口的叫桿上高高懸掛著一盞長吊燈，上書「悅來」二字。這還是李福家掌櫃的請臨江書法家王修然先生親自書寫的，門洞兩旁各貼著一副對聯，寫的是「排放千里路，人主皆平安」。

過了門洞子是一個大院，一溜五間大房排開，各門口都掛著一盞明亮的馬燈。中間的一間是門過道，寬綽明亮，一面是帳房，三面是長凳，有四五個女

人，穿著緊身小襖坐在凳子上。一見邵友領著人進來，女人們都站起來去接。她們看李福懷抱個東西，就嚷嚷開了。

「喲，還帶個小貓。」

「貓也不太像，像小狗。」

女人們嬉笑著圍上來了。

劉德來給夥計們使了個眼色，說：「掌櫃的，我們睡筒屋火炕！」邵友說：「喲！還是小屋裡方便。」

李福說：「睡吧！花項由櫃上開付。」

劉德來說：「留著桿子還回家打種呢！少來這套……」

他明白櫃上使的連環計。由櫃上給找女人，到秋一扣排餉，不涮你個溜溜光才怪呢。

李福雖是櫃上派來的棹頭，但對頭棹又奈何不得，一路上還要靠他維持行排，就嚥下了幾口唾沫說：「劉德來，你小子後悔可來不及。」

早春的夜晚，關東山裡靜默寒涼，可棺材砬子小鎮因山裡來了木把而熱鬧起來，賣山貨小吃的挎個小筐，在各客棧院子裡躥來躥去，低價出售他們的山核桃、乾棗子、松樹子、瓜子、大糖球和糖葫蘆。還有「靠人」的女人偷偷地敲客棧的窗戶，叫「相好」的出來。客棧的掌櫃早派人在房前屋後巡來走去，不斷地撐罵那些女人。

小鎮一夜都沒消停。

木營二掌櫃的李福領著熊崽子，摟著邵友找來的朱家媳婦睡了一宿。第二天早上，劉德來他們上了排了，他才睡眼矇矓地走來。木把們照樣上排去，解開纜繩，打棹開排。可是，老排只是左右搖晃，就是不進正溜兒。

李福坐在「花棚」裡急得團團轉，劉德來他們幾個人排前排後地尋找，看看哪裡卡住了，找了三遍。啥也沒發現，排還是不入溜兒。劉德來一尋思，立刻發話：

「弟兄們！栽香！上供。」

李福一看沒有別的招兒，只好也吩咐在江沿的一塊地方鋪上水布子，擺上供果水酒，插上三堆雙香，又找「悅來客棧」掌櫃的從廚房弄來一個大豬頭，擺上了。接著又去村裡請來了「薩滿」。

薩滿，是東北江沿一帶的「能人」，一遇到什麼意想不到的事，就請他來作法。這是個老薩滿，在這一帶很出名。他來了，戴上了神帽，穿上了神裙，手裡拿著一面烏拉神鼓。

薩滿手裡的牛皮鞭對神鼓一擊，皮鼓「咚咚」地響了起來，他屁股上的腰鈴也一齊嘩嘩作響，老薩滿高亢的嗓門，引得村民們圍得裡三層外三層。

　　當家呀許下呀，
　　烏豬一口酒一缸，
　　紙馬香燭供在當央。
　　大缸釀的是劉伶酒，
　　小缸釀的翁頭香。
　　老少爺們不沾唇，
　　今日專敬老山王。
　　老山王，山大王。
　　今日你來把酒嘗，
　　災和難的別阻擋，
　　只求老排順順溜，
　　一氣放到遼南江呀⋯⋯

「噹！噹噹噹！」皮鼓響得真地道，大風把他的神帽耳和裙子帶刮得飛飛飄舞，儼然一個神仙下凡。

一氣「神」敬下來，一打頭棹把，木排還是不動臥。大夥都傻眼了。

劉德來一想，不對勁兒，他排前排後地尋找起來。突然，他發現排尾的一

簇亂柳叢裡伸出一隻毛乎乎的黑掌子，緊緊地抓著排串上的傻繩不放。

再往柳叢裡一看，一隻老熊蹲在那裡。

排伙子們氣壞了。他們找來木棒子，拚命地擊打抓住傻繩的爪子，可這傢伙死死攥住，就是不撒手。

劉德來明白了，這是老黑熊來找自己的崽子了。他把這事告訴二櫃李福。李福用鼻子噴了一口氣，說：「一群笨驢，一個狗熊都對付不了！看我的。」說完，他拎著一柄開山斧出了「花棚」。

說心裡話，劉德來他們是捨不得傷害這老黑熊，無奈這熊崽子已被李福用一個細繩繫在「花棚」的鐵鏈上，他們決定解開鏈子，放掉小熊。

誰知這時，李福已來到排尾，他先用腳踢那熊爪，後來急眼了，操起開山斧照準那抓住傻繩不放的熊爪狠狠砍去，只聽「咔嚓」一聲，一股黑血噴向大江，那老熊突然號叫起來，斷的熊爪還死死地攥著排繩。老熊一高跳起。熊的叫聲悽慘驚人，排也猛一躥，進了正溜兒。「花棚」裡的小熊，突然也叫起來，劉德來也拉斷了細鐵鏈，抱著它出了「花棚」，才見懷裡的小熊眼中一對一雙的淚珠，熱乎乎地淌下來。他把小熊放在排尾。

江水中，那斷爪老熊拚命追趕，嗷嗷叫著，漸漸被排尾的浪花吞沒了。小熊帶著鏈子，在排尾叫了一陣，一股浪水把它捲入江中……

轉眼到了五月初六，小燈花生下一個胖小子。按日子算，這時木排該放過馬四台了。還有十八天就到南海了。

木排剛過去老惡河……

老惡河的下一個哨口是抽水洞，李福一看今年的水勢太大，就沒下排。果然，排來到抽水洞外口，排頭觸在暗崖上，一下起了垛，排腰和排尾藉著衝力一下子堆起半山高，擋住了江面和後邊的排隊。

老排「起垛」的信兒一傳開，可樂壞了吃排飯的人。他們坐馬騎驢，從四面八方趕到起垛的地方。

李福他們排起垛已經兩天半了。

「開更」的價碼已從一千大洋漲到一千五了；滾木已經送走三條人命了；再沒人敢上了。李福一看不行了，高喊：

「五千大洋啦──！」

岸上，沒有動靜。

「八千啦──！」李福的喊聲已經帶出哭腔。

這時，岸上的一棵老樹下，有個老漢站了起來。人們一下子認出，這是「劉炮」。

劉炮原是漫江倉子裡的一個出名的炮手，他從山東闖關東而來，帶著三個兒子以狩獵為生。後來由於江上的木排總出事。他又領著三個兒子學「開更」。多難開的更，他們也幹過，他們爺三個善於在千萬根木頭中一眼就看出是哪根別住的，然後上去後奮力一點，保準落排。可是後來，在老江連年運送木排的日子裡，他的三個兒子先後葬身冰水之中，現在只剩下老漢一個人，前年去開更，木棍又抽瞎了一隻眼睛。現在，他在響馬「穿山甲」的門下共事，挑排所得大洋，要有五成提給「靠人」的穿山甲……

大夥一看瞎劉炮站起來了，就起鬨喊，「加價！加價！」

「到價了！」劉炮搖搖手，制止住大家。他知道放排的人也不易。

有人罵：「瞎犢子！和咱們有二心？」

「他想奪咱們的飯碗子呀。」

罵是罵，沒人敢上前阻攔。他們曉得劉炮在山裡和奶頭山的天行道人學過關東拳腳。

劉炮也不再聽三道四。他麻利地甩掉身上的緊身棉襖，把腳上的靰鞡用細麻繩勒好。順手操起挑更棒，一蹦一蹦地向排垛跳去。

他伶俐，像一隻老山貓。

他機敏，像山裡的豺狼狗子。

可人們心裡，還是捏著一把汗……

當老排起垛時，劉德來他們被甩出幾十米遠，摔得遍體鱗傷，現在，他們

趴在岸上的木窩棚裡，一動不能動，眼睜睜地看著瞎劉炮奔向排垛……

老漢挑垛，江上江下的人都認為萬無一失。他幹了一輩子了，又送了三個兒子的命。人們信他。可是，劉炮一跳一跳地上去，瞪起一隻炯炯老眼，盯住了一根卡木，揮動鐵棒用力挑去，只聽一聲驚天動地的巨響，彷彿群雷從遠方滾來，老排落垛了。隆隆的巨響連聲。劉炮聽到卡木叫號，知道滅頂之災來了。這種聲音告訴他自己已逃不掉了……

他愣愣地站在垛山下。

人們喊：「老瞎子！快跑哇……」

李福喊：「老劉師父……」

大家都緊緊地閉上了眼睛。

聳立在雲中的排垛，慢慢地傾斜下來，像長白山火山口噴出的岩漿從高空瀉出，隨著冰冷的江水沉下去，沉下去，緊接著千鈞重力壓頂而下，瞬時間江水被拍上了兩岸，木排落下了，江水中只有幾塊看不太清楚的模糊的骨肉……

寒冷的江風號叫著，吹刮著，劉德來大喊著：「老——爺——子——！」他咬著牙，爬出窩棚爬向江邊。

這天夜裡，天格外晴。月兒出圓了。

劉德來領著二棹、三棹來到江邊，他們用攬羅網子一下一下地打撈，把劉炮的屍骨零零碎碎地打撈上來，又在岸邊挖了一個坑，把他的屍骨埋起來了。

李福找了幾個保人，把大洋如數給了「穿山甲」派來的「糧台」（管錢的人），又收拾碎排，定期定時辰起排。劉德來他們幾個人的身板還沒好利索，臨江望江樓老排又從抽水洞上溜了。

五月二十，木排放到了南海。

排櫃上的人七扣八扣，就是放頭棹的人也只能拿到當初開價的三分之一。木把們叫罵連天，可排上的掌船已坐「花棚」（有女人陪著的木槽子）回老窩子了。於是，這兒扔下了兜裡有幾個錢的木把。

秋八月，天上的大雁嘎嘎地叫著，向南飛去。一夥夥的木把回來了，可是

卻不見劉德來回來。

到第二年的秋天，小五亮子已會喊娘了，劉德來還不見回來。有一夥放排的人回來說，劉德來光腚往回爬，沿途吃苣蔴菜中了毒，埋在馬四台了；還有的說埋在笑面砬子了。

小燈花發了瘋了。她背著孩子沿江去找，可江岸上，那茂盛的蒿草裡到處是墳，哪個是她男人的？

有的墳上，有好心人給立了碑，上寫木把墳，可沒有大號。

小五亮子長到十二了，還不見爹回來。

每到木把該從南海回來的季節，小燈花總是站在江岸上，往遠處望。她頭髮花白了，羅鍋也顯得更高了，更尖了。兒子就勸她說：「興許爹自個兒回關裡家了。娘，別愁！明年我掙錢，有了盤纏咱們也回去……」

娘點點頭，沒出聲。

江一開一封。世上一春一冬。

時序這樣挨著。小燈花的兒子，還有小燈花的兒子的兒子們，也沒能回到關裡的掖縣，倒是江岸上的墳頭滿登登的了……

四、大柱和二柱

早年間，從山東來了一幫逃難的弟兄，領頭的是大柱和二柱哥倆。這哥倆聰明伶俐，不管什麼活，一看就會，再加上哥倆又十分重義氣，因此，很受大夥尊敬。他們來到長白山以後，聽說闖木場子當木把掙錢多，便找到了木場掌櫃的。掌櫃的見這幫小夥子一個個老實巴交，不像見過世面的樣子，眼珠子一轉，便想出了黑道道。他牙一呲，眼一眯，皮笑肉不笑地說：「上咱這兒當木把，有咱這兒的規矩，你們能遵守？」

大柱和二柱說：「掌櫃的，你說說看？」掌櫃的說：「這一，咱這兒不月月開支，得等到山上完活，木頭放到丹東後再算總帳。一切的吃用由木場子墊付，結帳時再扣回。」大夥琢磨了琢磨說：

「中。一塊結帳，還能攢兩個。」

「這二，」掌櫃的繼續說，「半道退場不給錢，活計拿不下來，不給錢。」掌櫃的話音剛落，大夥便議論開了：「半道上不退場行，可咱沒闖過木場子，難保宗宗活計都拿下來，若有一宗活拿不下來，咱這一年不就白幹了嗎？」掌櫃的見大夥犯了難便說：「大夥不用打怵，這木場子的活說起來誰都會幹。能掄動斧子就會砍樹，會牽牛就會趕爬犁，會抬筐就會抬木頭。這放筏嘛，是稍難一點，不過我叫人教你們個一趟兩趟的也就會了。」掌櫃的說到這，用眼睛掃了一下大夥。這時，大夥雖然都沒吱聲，臉上可都露出了笑模樣。掌櫃的見此，心中嘿嘿一笑，加緊鼓動說：「等把木筏放到丹東，老鄉，你們腰包裡頂次也得揣上二百兩紋銀啊！」

「二百兩紋銀？」大夥簡直被這個數字驚呆了，於是紛紛點頭，同意留在木場子裡吃勞金。

一當上木把，夥計們可就遭了罪。早晨，兩三點鐘就被把頭攆上了山，晚上，九十點鐘才准下山，回來後就點著松明子亮兒吃飯。說是飯，簡直連豬、狗食都不如；吃的是橡子麵，就的是發霉的鹹鹽豆，嘛一口，渾身都打顫。

苦雖苦，夥伴們咬著牙，瞪著眼，總算熬到了「掐套」。人們心裡鬆了一口氣。

可誰知，這把頭一看山上完了活，便和夥計們作起對來了。

有一天，大柱和二柱正和弟兄趕河，突然把頭從河下游把他們找了回去，一見面，把頭就說：「臨進木場時，咱不都說妥了嗎？你們宗宗活能幹嗎？」把頭說到這，手往河裡一指，「現在木頭插了垛，你們來個挑垛的吧。」大夥順著把頭指的方向一看，呵，幾千件木頭插在了一起，像一座大壩截住了水流，河水被憋得哇哇亂叫，木頭被撞得渾身直顫。

眼前這種情景，別說是「雛把」（又叫初把），就是個大卯子見了也要腿肚子哆嗦，頭皮發麻。

一個年輕的夥伴氣憤地說：「把頭，你們也太欺負人了，木把裡大卯子那

麼多，憑啥單找我們離把？」

把頭嘿嘿一笑說：「怎麼？你們幹不了啦？那好吧，到帳房先生那裡把一冬的伙食費，鞋腳襪子費交回來，滾蛋吧。」

夥計們聽把頭這樣一說，大眼瞪小眼，沒了招兒。

把頭見夥計們沒話可說了，又緊緊相逼。

「怎麼？不想走啊？那就下河挑垛，沒本領挑垛就屎殼郎搬家。怎麼，站在那兒幹啥？這麼一大幫人，都是飯桶啊？」

這幾句話，把夥計們噎得半天沒喘上氣來。就在這時，大柱手拿刨鉤，壓腳分開眾人，站了出來，對把頭說：「俺來了。」

說完一轉身輕輕一躍，跳到河沿，再一躍跳上木垛。只見他兩腿穩穩岔開，用壓腳剔出幾件木材。他每剔一下，木垛便晃動一陣，站在岸上的人見此情景，大氣都不敢出一聲。木剁開始急遽地晃動起來，水衝擊木頭聲，木頭和木頭的撞擊聲，夾雜在一起，發出悶悶的聲音，震人心弦。岸上的人嚇白了臉，齊聲高喊：

「大柱，快下來，快下來，危險……」

大柱站在垛上不慌不忙，他把壓腳使勁兒一拋，扔到了岸上，然後，拄著刨鉤，一躍踏到河心，兩臂舉著刨鉤，狠命地向剁底的一段原木刺去，那原木的一端向外一翹，木剁開始劇烈地晃動，同時，發出嘎嘎的巨響，大柱收回刨鉤，往江心一撐，便像一隻凌空飛起的海燕，向岸邊飛去。大柱的腳剛剛落地，那木垛便轟的一聲如山崩地裂般塌了下來，木材捲著河石泥土，樹枝亂草向下衝去。

大柱的這一招，別說是同來的夥計，就連把頭和那些挑垛的熟手們也都驚嘆不已。

把頭見「挑垛」沒有難倒大柱他們，心中暗想，「大柱啊，大柱，你們躲過了三槍，卻躲不過一馬叉，等放筏時，咱們再較較真兒。」

轉眼之間，山上完了活，把頭就讓大柱領來的這幫人去鴨綠江上放筏。

跟了兩三趟筏，把頭就逼著他們頂筏，這下大夥犯了愁。俗話說：「頭年放樹，二年趕牛（即趕爬犁），三年難頂木筏走。」他們頭一年當木把，才跟了兩三趟垜，怎麼能頂得了筏呢？於是紛紛說：

「俺們都是雛把，再跟著大卯子練幾趟吧。」

把頭把眼一瞪說：「練，練，還想練一輩子啊？我們這是木場子，又不是教放筏的經堂，頂不了筏，滾蛋！」把頭說著，拿過算盤，噼里啪啦一算說：「你們這一冬穿的草鞋大襪子，吃的餅子就的菜，加在一起，共欠下五十兩紋銀。諸位，請繳款吧！」

這些夥計本是從山東來逃難的，原本就窮，幹了一冬又沒開餉，渾身上下連一文錢都找不出來，這五十兩紋銀從哪兒出啊，夥計們無奈，只得冒著生命危險去頂筏。大柱和二柱對大夥說：「弟兄們，我倆在前邊走，你們在後邊跟著，我們走哪條水道，你們就走哪條水道，遇到險灘惡浪要沉著果斷，手腳麻利。只要咱放完這一季子筏，他掌櫃的就不敢不給咱開工錢。」

大夥見大柱二柱這樣講，也就略略放下心來。

頭天頂筏，大夥闖過了「門檻子」哨、「媽媽叫」。第二天放筏又闖過了「二龍鬥」「老虎哨」。第三天放筏還沒解纜，大柱二柱對大夥說：「前邊有一個險哨，你們先不要解纜，等我們放過去之後，再回來幫你們過哨……」

大柱二柱說完，便領著大夥來到哨口。這真是一個險哨啊，只見巨浪翻滾，驚濤裂岸，它呼號著，咆哮著向下俯衝。哨尾，兩股激流，擰著勁子吱吱地往兩個漩渦裡鑽，那架式別說是木筏，就是鵝毛也要被吸進渦底。這個哨，別說是雛把，就是多年的大卯子來到這兒都頭皮發麻。筏夫們每逢走到這裡都止不住罵把頭：「黑了心的把頭，利用這險哨，搉了我們多少油，害了我們多少命啊……」

大夥查看完水道之後，大柱和二柱便解纜起航了。

哥倆上得筏來，二目圓瞪，兩腿微弓，兩手緊緊地握住舵棒。那長龍似的木筏在他們手裡，就像一葉輕舟，一忽兒向西，一忽兒向東，一會兒爬上浪

尖，一會兒鑽入谷底。越過了哨頭，闖過了哨身，來到了哨尾，這時，只見兄弟倆把舵棒狠命往外一推，接著又拚死往裡一摟，那筏便繞著漩渦刷的一聲穿了過去。過了險哨，哥倆找了個穩水汀把木筏靠了岸，便又回到了鄉親們攏筏的哨頭，把過哨的要領詳詳細細地對大夥說了。

大柱和二柱說完之後，便有兩個身強力壯、聰明伶俐的小夥子，登上了木筏。那筏開始還穩，可是，一進哨頭，便像離了弦的箭，順著急流射了下去。這下兩個人可慌了手腳，兩手把著舵棒，不知怎麼擺弄才好。正猶豫間，木筏過了哨身，還沒等兩個醒過腔來，木筏就一頭紮進了前頭的漩渦。

大柱和二柱見兩個弟兄遇了難，心像刀扎似的難受，兩行熱淚便順著臉頰滾了下來。兩人難過地想，「這幫弟兄上有父母，下有妻小。這樣送了命，家裡日子怎麼過呢？得趕緊想個辦法呀？」

兩人正低頭沉思，忽聽有人大喊一聲：「娘的，這鬼哨，我就不信闖不過。」大柱和二柱抬頭看時，說話的是犟眼子王六。兩人正想上前阻攔，犟眼子的木筏已離了江岸。王六站在筏上紅著臉，瞪著眼，罵著娘，一會兒拚命地搬舵，一會兒拚命地撐蹬桿子，那筏在他的擺弄下向一條游龍似的向上竄去，誰知那龍沒跑多遠，便一頭鑽進後面的漩渦。

眼睜睜地看著又一個弟兄送了命，大柱和二柱的心像油熬似的疼痛，嘴上立時起了一層撩泡。

兩人低聲合計了一陣，一人駕著一張木筏向險哨闖去，大柱在前，二柱在後，闖過了哨身，轉眼間來到哨尾。眼瞅著就來到了漩渦，大柱和二柱並不搬舵，駕著木筏順流而下。兩張筏剛一過哨，大柱的筏便一頭紮進前面的漩渦，二柱的筏一頭鑽進了後面的漩渦，兩個漩渦裡的水流由於受兩張木筏的阻攔，水勢立即平穩下來。

窮弟兄們見大柱二柱遇了難，瘋了似的沿著江岸向哨尾跑去。

可是，當他們剛跑到哨身時，兩個漩渦不見了，就地冒出了兩個石柱子，這兩根石柱子高高地屹立在江心，把迎面來的激流引到了北面的沙灘上。人們

說前面的石砬子是哥哥，後面的砬子是弟弟。從此，這個害人的險哨，便成了緩哨。人們過這個地方的時候再也不用擔驚受怕了。

弟兄們見大柱和二柱變成了石砬子，十分感激，因此，每當他們走到這兒的時候，總是拿出酒來祭奠這哥倆的英靈。

大柱和二柱呢，也沒忘了那些木把弟兄，每當雨天、霧天，筏夫們走到這兒看不清水道的時候，便隱隱約約地聽到大柱和二柱在呼喊：

「大鬼在前，小鬼在後，筏夫弟兄走好，筏夫弟兄們走好啊。」

久而久之，筏夫們就把這兩個砬子叫大鬼和小鬼了。

五、一件老皮襖

在老南海（丹東）有這樣一個故事。

有一家人家，兩口子領一個七八歲的孩子過日子，男人叫陳福，女人叫小琴，這兩個人視財如命，而且專往木把身上盯。

這一年，又到木把該從山裡的木排上下來的季節了，陳福對女人說：「小琴，又到了好時候啦，這回看你的啦！」

小琴說：「當家的，你放心吧。」

於是，男人就領著兒子小友子上城裡的親戚家「借住」去了，家裡便扔給了小琴一個人。這天，村裡的女人都往江邊跑著說：「木把來啦！木把來啦！」小琴也趕緊收拾一下，夾雜在去江邊接客的女人中，到了江邊一看，一副副木排正在靠岸，各家店鋪和拉人的手舉著燈籠、招牌拚命地喊；「到俺家，到俺家！」就像接自個兒家人一樣熱鬧，小琴擠也擠不上去。忙乎了一上午，木排上的木把都被接走了，小琴一個也沒撈著。她正要轉身回去，就見一副木排的窩棚裡，一個老木把正在做飯，小琴扭身就上了木排。

「大哥，我來幫你。」說著就動手燒火。

這個排是從長白縣下來的，一共十二個木把，都上岸「靠人」去了，就剩下老木把李壽山。

那年李壽山已經五十二歲，他從小闖關東來東北，在山裡幹了幾十年了，一直是山場子活，水場子放排他這是頭一年。而且，他聽說丹東是個花花世界，排到了江邊，人人都勸他上岸「踩踩地氣」，他說啥也不去，怕出事。因此就自個兒在排上做飯，這時一看來個女人幫他做飯，他簡直不敢相信自己的福氣，於是連連說：「啊呀妹子，我自己來吧……」

　　小琴說：「你們男人，粗手粗腳的。我一看你就不會做……」

　　李壽山說：「可這也太麻煩你啦。」

　　小琴說：「我家就住在江邊。看你們木把可憐呀！」

　　一來二去，二人就熟了。

　　而且小琴也下了狠茬子，一連三天，天天來排上給李壽山做飯。

　　這一天，也趕上巧，做飯時李壽山的鍋漏了，小琴說：「走，用俺家鍋給你煮……」李壽山沒法，就跟著小琴上了岸。

　　到了家，李壽山問；「你男人呢？」

　　小琴假裝落了淚，說：「都死一年多啦。」

　　李壽山說：「都怪俺不該問。」

　　小琴說：「你不知道，不怪你。」

　　「孩子呢？」

　　「進城玩兒去了……」

　　飯做好了，李壽山要走。小琴讓他在這兒吃，說外頭嗆風冷氣的，看坐病。於是李壽山就上了炕，小琴在地上湯一碗飯一碗地盛著。看著李壽山吃飯，小琴落了淚。

　　李壽山說：「小琴，你怎麼啦？」

　　小琴說：「看著你，俺就想起我男人。你要是他，該多好……」

　　李壽山說：「是啊，可我怕是沒這個福。我想都不敢想。」

　　小琴一聽，說：「大哥，你有沒有那個意思？你看俺咋樣吧？」

　　李壽山簡直不敢相信自己的耳朵，他雙眼不停地看著小琴時，小琴已經撲

進了他的懷裡。那一晚，李壽山睡在了小琴的炕上。

五十多歲從未挨過女人的李壽山，驚喜地把小女人摟在懷裡，那種愛是無比的真實和生動。小琴說：「大哥，我這個人什麼都好，可就有一樣，愛穿愛戴，怕你打扮不起。」

李壽山一聽，一下坐起來，說：「妹子！你等等……」他突然跳下地，奔江邊的木排。不一會兒回來了，拿回一把雨傘，遞給小琴說：「妹子，給你。你看看這夠不夠……」

小琴接過這把木製雨傘，只覺得沉甸甸的，是一把普通的雨傘。於是不解地問：「這，有啥呀？」

李壽山笑了。說：「你來看……」他接過雨傘，在炕沿上猛地一摔，「嘩啦」一聲，就見從傘把裡滾出一堆大洋。李壽山告訴小琴，這是他一輩子積攢下來的。他怕被別人發現，於是一個一個地摞起來，藏在雨傘的把裡，走到哪他都帶著這把破雨傘，誰也不知他有錢。

李壽山說：「妹子，底細我都交給你了，今後你可不能坑我呀！」

小琴說：「大哥！啊不，壽山，你對俺這麼實心實意，我能害你騙你嗎？今後俺就是你的，俺這個家就是你的……」

說得李壽山也樂樂呵呵的。

村人們發現，小琴家奇蹟般地「闊」起來了，蓋房子了，新買了車馬，小琴也天天打扮得花枝招展。而李壽山呢，也穿著新衣，天天扛著鋤頭下地幹活，他和小琴儼然一對新婚夫婦。

再說城裡的小琴的丈夫陳福，對這個事瞭如指掌，他先是派兒子回來試探。這天，小友子回來了，一進院就喊：「媽！我要糖。」李壽山立刻掏錢給小友子去買。這小友子也敢要，今兒個要新鞋，明兒個要新帽，李壽山就把除了雨傘之外的全部積蓄都絲毫不保留地拿了出來。轉眼，夏天過去了，秋天到了，木把們返山的日子越來越近了，可李壽山身上的錢早被小琴母子倆搜刮得一乾二淨。

有時，小琴心下也有些過意不去，就說：「壽山，你看我們盡花你的錢。」

可李壽山卻實實在在地說：「小琴，今後再不許說這些。咱們已是一家人啦！再說，大哥我有你這個疼我愛我的人，我就足夠了。錢算什麼，錢是人掙的。今年冬天我返山，明年下來還能給你拿來錢。」

小琴心裡有一種說不出的滋味兒。

轉眼，秋霜落地，到了木把該返山的季節啦。這天頭晌，李壽山把小琴叫到身邊，說：「小琴妹子，哥下晌就走了。你在家多保重。」說著，往下脫身上的衣服。

小琴說：「你這是幹啥？」

李壽山說：「山野之人，穿這麼好的衣裳，白瞎了。我脫下來留給你和孩子。沒錢花時，就送當鋪當上點錢！」

小琴說：「這不行！」

李壽山說：「聽我的。進山幹活，好衣裳沒用。」

小琴說：「哪你穿啥？」

李壽山說：「我那件老皮襖呢？」

「在小倉子裡。」

原來，李壽山來時，穿著一件老羊皮襖，那是他冬夏不離身的一件皮板子老襖，別看又老又沉，但是抗風壓霜。後來讓小琴把它放在倉房裡了。

李壽山說：「快把它給我。有它就足夠了。」於是，小琴就取來這件老破皮襖，李壽山靠在小琴身上，深情地親了她一口，說：「等我，明年回來！」然後就往江邊走去了。

下晌時，丈夫陳福回來了。一進門就問：「媳婦，怎麼樣？」

小琴說：「挺好。」

「都下來了嗎？」（別人的東西都弄到手了嗎）

「都下來了。」

「什麼都沒了？」

「沒了。」

「他穿什麼走的？」

「一件老皮襖。」

「皮襖？」

「對。」

「不行！皮襖也得下來。」

小琴在貪心丈夫的攛掇下，說：「嗯。我也是這麼想的。」於是，她把兒子小友子喊來，說：「小友子，去江邊。」

「幹啥去？」

「告訴你李大叔，明年老排一下來，還上咱家。」兒子剛要走，小琴說：「回來……」她於是親手扒下孩子身上的衣褲。孩子直喊冷，小琴說：「管你李大叔要穿的！」說完，才讓孩子光著身子往江邊跑去了。

那時，已是深秋下霜的日子，江邊上許多木把都在攏槽子，準備返山，這時，小友子來到李壽山的木槽子旁。見李壽山正在彎腰攏繩，就喊：「李大叔！李大叔！」

李壽山一回身，見是小友子，就問：「有事嗎？」

小友子說：「沒啥事。就是我媽告訴你，讓你明年一定到俺家……」

李壽山說：「唉，知道啦。」

「讓你一定！」

「好好。」

「說她等你！」

「唉唉！好……」

這時候李壽山再一看，小友子這孩子光著身子在寒風中凍得直髮抖，於是說：「這小子，怎麼光著身子呢？這不凍死了嗎？」接著，他就脫下自己身上的這件老皮襖，給小友子披上了。並說：「快回去吧！看凍著。千萬告訴你

媽，明年，我一准來！上你家……」

看著小友子轉身走了，李壽山雖然凍得直哆嗦，但是愉快和幸福使他的老眼中淌出了激動的淚花，是啊，有人疼他了！

遠處，小琴和丈夫陳福偷偷地貓在杖子後邊，眼見兒子小友子披著李壽山的老羊皮襖，那是一件拖地的皮襖，因孩子太小，皮襖太長，皮襖的邊緣拖起一片塵土，在荒涼的江道上飛揚……

他們樂了。

李壽山也忍不住樂了。他順手從木槽子上撿起一塊草帶子紮在腰上算是遮住了身子。

天上日轉月走，世上一春一冬。

一晃到了第二年夏天老排又返回丹東的季節。

這天，長白山裡的老排又來到了丹東。小琴和許多女人一塊兒擠上江邊，長白縣的老排也來了，可是排上不見李壽山。小琴就向其他排伙子們打聽：「喂，李壽山呢？」

一個老排工告訴她，去年冬天在返回山裡的路上，李壽山沒有衣裳防風雪，凍死在半道上了。

六、往上走

和木把們一塊兒放木排去丹東，是為了去聽一個叫「往上走」的故事。

丹東通往長白山的地方，有一個地方叫「往上走」。怎麼叫這個名字呢？其實這是指放排的木把在丹東賣完了木頭回山裡走的方向，因步步是逆水上行，所以叫「往上走」。

往上走的木把，不是自己扛著棹把背著行李，就是在旱沿上拖槽子。

拖槽子，就是拉縴。

鴨綠江流域往上走一帶有著諸多關於拉縴的淒苦的故事。

在離丹東三十多里往上走的一個地方叫二十八里半，是個小村，這小村以

打麻繩出名，這可能也因為木把們返山拖槽子要用大量的麻繩，所以打繩業也便發展起來了。打繩需要用麻，麻是一種植物，在這一帶各家田間地裡都種，夏天割下漚麻，然後剝皮，紡成麻線，再用來打繩。這一道工序幾乎家家都會，而且也靠著這個生活。

這一年，又到了秋霜落地該著木把返山的季節了，城裡的麻繩鋪生意開始紅火起來。這天「洪福盛」麻繩鋪的木門一開，就進來一夥木把，他們是長白山裡冷溝子木場子的一夥排友，準備買拖纖的大繩返山，這掌櫃的姓鄭，叫鄭少友……

木把的頭棹問：「有沒有『大掏』？」這大掏就是指拖槽子的那幾根大掏，在江上跑排走水，繩子不叫繩，而叫「掏」。

鄭少友一聽，連忙堆著笑臉說：「兄弟們別急，大掏馬上送來。」頭棹說：「那我們上別家吧。」說著要走。就在這時，門突然開了，就見一個女人披頭散髮、渾身是土地背著一捆麻繩進來了。鄭少友一看立刻大罵，並上去拳打腳踢，把女人打坐在地上，還不解氣地說：「你他媽是不是和野男人睡過頭兒啦，才來？多懸誤了生意。」女人委屈地哭著說，半夜就走，到現在也沒停步啊，可鄭少友不依不饒，他一腳踢在女人的屁股上說：「滾！快回去再取兩捆來……」

女人哭著爬起來走了。

木把們一邊買繩一邊打聽才知道，這女人是繩鋪掌櫃鄭少友的老婆，叫戴環，家就住在往上走，他在城裡守著這麻繩鋪，家裡的活兒打繩送繩都由老婆領著幾個孩子幹。

大夥正說著話，繩鋪的裡屋走出一個浪裡浪氣的女人勾住鄭少友脖子說：「少友，俺要吃糖葫蘆！」鄭少友輕聲說：「有人！等一會兒給你買。」

那女人嬌滴滴地說：「不嘛！俺已經有了，想吃口酸的你都不馬上去。」說著坐在櫃檯上耍賴不走。

大夥說：「掌櫃的，你這是『金屋藏嬌』哇。」

鄭少友說：「這年頭，你們木把不也是一樣嗎？我家在山裡，單身在這兒做買賣，能不找一個『靠』上嗎？她在家，也是隨便，說不定早和木把過上了！」說得大夥哈哈笑。

木把們買完繩，第二天就拖槽子往山裡走。這一天到了往上走這個地方，突然聽有人喊叫，大夥往前一看，就見一個趕車的老頭兒從懸崖邊的砬子上救出一個要跳崖的人。頭棹走上去一看，這不是麻繩鋪掌櫃的媳婦戴環嗎？木把中有一個叫孫貴的老木把對頭棹說：「我把她送家去吧。」說著，背起戴環就去往上走。

木把孫貴那年已是快五十的人了，一個女人在他的背上，雖然拉了一宿的槽子，但心裡也覺著舒坦和幸福，因為這一季他沒掙著錢，到了丹東他連妓女的手都沒碰一下。戴環在孫貴的背上滾來晃去，漸漸地醒了。她一看自己在一個男人的背上，就呻吟著說：「放開我！我不想活了。」

孫貴卻死死地抱住她，說：「不！不行。命就一次！要活呀戴環……」

戴環說：「我活著有什麼意思？聽說他在外頭花天酒地養女人，連我進屋喝口水他都不讓！」

突然，女人愣了，說：「大哥，我忘問你了，你咋知道我的名字？」

孫貴說：「我咋不知道？我就是那天去買繩的木把。他打你，我們正趕上！」

這樣一說，戴環又「嗚」的一聲哭了，並老老實實地趴在孫貴背上，讓他背著往村裡走。

戴環自十四歲嫁給鄭少友就沒過上一天好日子，她生了兩個孩子，老大是兒子十五，老二是丫頭十一，可是當家的成年到輩子不著家，說是在城裡看繩鋪，家裡從割麻、漚麻、打繩，全靠戴環一個人。這還不說，更叫戴環傷心的是，丈夫在丹東找了女人，而且戴環碰上好幾次。鄭少友他不但不收斂，反而對女人說：「你少來這一套，村裡家家都養木把，你不找，誰信？你不找，你是無能，你還等人家送上門呀？」生活逼得她沒有了活路，這才去尋死。可是

如今，她真碰上了木把。

現在，她趴在木把孫貴的背上，雙手摟著男人的脖子，她感受到孫貴寬厚汗濕的背上的溫暖和兩隻胳膊緊緊抱著她的大腿的力量，於是幸福地睡著了。

戴環家在往上走村的一頭。孫貴把戴環放下，見她可憐巴巴地瞅著自己，於是掏出身上僅有的幾個錢，遞給她說：「妹子，我這一季沒掙著。身上就這幾個，你留下吧。」

戴環說：「我咋好收你的錢？」

可是，孫貴堅持要給。

於是戴環說：「大哥，我也看出，你是個好人。但俺收你的錢，不能白收。現在孩子們沒在家，你、你去把門插上……」

孫貴立刻明白了。他是一個大男人，又久沒摸過女人，今天他一路上背著她，已是想入非非；現在女人已公開讓他去愛，可是他心裡卻一個勁兒地打鼓，這是乘人之危，不能這麼幹！

「大哥，來吧……」這時戴環已脫下了下褲，露出白白的腿根。

孫貴突然控制住了自己，說：「妹子！不，我不能……」說著，轉身要走。

戴環一看，知道自己也太急於求成，於是提上褲子說：「好吧大哥，那麼明年你再來丹東，就上我這兒，俺等著你！」

孫貴急忙趕回排臥子，大夥一看他的臉色，就開玩笑地說：「孫貴，白撿了媳婦吧？明年，你就有『家』啦。」孫貴紅著臉說：「走走走！盡拿人開心！」說是說，心裡頭著實地感到愉快。真的，長這麼大，他心裡頭第一次感受到女人的愛，特別是臨離開時，戴環撲在他的懷裡，說：「大哥，我等著你！」

於是，這個故事真就這麼講下去了。

第二年的夏天，當冷溝子的老排停靠在沙河口時，頭棹瞅著孫貴的臉色說：「孫貴，你回往上走吧。」大夥也說：「你找你『媳婦』戴環去吧……」

於是，孫貴真的笑呵呵地奔往上走去了。

隨著夏秋江上一副副老排的到來，戴環臉上開始有了淡淡的紅暈。有一次，她到城裡丈夫那兒送麻繩，鄭少友一眼發現媳婦臉上那掩飾不住的喜悅，他覺得這裡是有「事」呀，便眉頭一皺，計上心來，對戴環說：「今兒個你先別忙回去。昨兒個漁船有人送來幾個肥蟹，我煮煮，你陪我喝一口。」戴環覺得丈夫難得這麼樂和，於是就留下了。喝了一口酒，鄭少友便落了淚，說：「戴環呀，這些年來我對不住你。我在外頭看鋪子，你一個人領著孩子在家，真是受累啦，受苦啦。我呢，你也知道，在這兒離開你實在過不了，不得不『說』了個人，這就更加對不住你啦。可我有一句實話，你呢，也別委屈著，有相好的，你可以『拉』一個，我不怪你……」

戴環說：「你說些個啥呀？」

鄭少友卻不理她，繼續說：「眼下呢，山裡的老排眼瞅著都下來啦，木把中有同心對意的，你挑一個，我感著也榮耀。就你這小模樣，我又常年不在家，你不『靠』一個，這誰信呢？啊？」

丈夫的幾句話，說得戴環滿臉通紅。她可能那天也高興，也可能喝了酒，於是說：「你呀，人家還說不定來不來，你……」

鄭少友嘴角露出一絲不易察覺的冷笑，但卻毫不在意似的說：「戴環，你放心，我鄭少友是個講情面的人，這個底我今兒個交給你，有相好的你只管找。我知你也是為了這個家，為了咱們的兒女。有了錢，也給兒女留下呀！」

那一晚，戴環非常高興。果然第二天，丈夫就捎信，讓兒子和女兒都到丹東來，說幫他做買賣，家裡只留下了戴環一個人。

夜，漸漸地暗下來了，在平常的日子裡，往上走小村早已是一片寂靜，家家都已經入睡了。

可是如今，這兒簡直是熱鬧集，一夥伙的木把在「熟人」的帶領下，走進村裡的家家戶戶，更有木把們熟悉的人家，也傳來陣陣敲門問路聲。戴環呢，她坐也不是，站也不是，看看沒有動靜，她推開屋門想去江邊迎。可是一出

門，就見院口微弱的月色下站著一個她熟悉的身影。

「妹子！」門口傳來孫貴的聲音。

戴環立刻奔過去，驚喜地拉住他。孫貴問：「孩子們呢？」戴環說：「你就進來吧。」

幸福來得這麼突然，他們兩人都感到沒有預料到。剛剛進了外屋，戴環就忍不住撲進他的懷裡，孫貴再也控制不住自己，他雙手一托就把心上人抱上了炕……一年沒有相見，二人真是乾柴烈火。戴環幸福地依偎在孫貴的懷裡，二人憧憬著美好的未來。戴環告訴孫貴，丈夫外邊已有了女人，他不但不回來，而且同意她靠人，今後她就是他的了；孫貴告訴戴環，這一季他哪兒也不去，就好好守著她，以後呢，就是不幹了，也永遠在這兒安家，和戴環過上一輩子。二人邊嘮邊說，恩恩愛愛地睡著了。

不知什麼時候，戴環被一陣吵嚷聲驚醒，她睜眼一看，炕沿前站著五六個舉著火把的男人，而孫貴已被他們五花大綁地捆在地上。戴環大哭著喊：「放開他！是我讓他來的……」

黑暗中，一個男人罵道：「你個臭婊子，我不在家，你果然偷人！」

戴環聽出是丈夫鄭少友的聲音，於是說：「鄭少友，你這個壞東西，原來是你幹的壞事。我和他的事，你不是同意了嗎？」

鄭少友說：「你少囉唆。你問問世上的人，哪有同意自己的老婆跟別人之理？給我帶走！」

戴環說：「慢！要走我也去。」

鄭少友說：「你跟著幹什麼？」

戴環說：「『抓賊抓贓，抓嫖抓雙』啊！」

鄭少友說：「好！有種。把她也給我捆上。」

這時孫貴說：「這位先生，事情由我起，和她無關。你放了她，我跟你們走！」

鄭少友說：「瞧瞧這一對不要臉的，還在互相護著，都給我帶走！」於是

上來幾個人，把戴環也捆上了。孫貴說：「你做事也太不地道，她畢竟是你老婆，那麼你現在到底想幹什麼？」

鄭少友說：「幹啥很清楚，要錢。你要是要她，就拿錢贖人……」「多少錢？」「不多，二百大洋！」孫貴說：「好，明兒個跟俺到槽子會去取！」於是孫貴和鄭少友講好，一手錢一手「貨」。當下，鄭少友等人將戴環綁在家裡，他和幾個人押著孫貴就連夜進了城。

第二天，有人給住在槽子會的孫貴老排的頭棹送了信，說孫貴住「炸」了（就是靠人或拉幫套犯了事），這不能不救哇；於是頭棹把賣木頭的大洋湊足了二百，到鄭少友手裡贖出了孫貴，然後說：「快去接你『媳婦』吧！」

孫貴千恩萬謝地來到往上走，才知戴環在他們走的那天夜裡就跳崖了。從那時起，孫貴再也沒出山，一直到老死。而木把們呢，每當路過往上走，都叨咕著這樣的嗑兒：

往上走，往上走，
木把心裡直發抖。
哪怕遇上瘋狼狗，
也別碰上鄭少友。

七、木把王忠

那一年，到了老排去南海的季節。

長白縣橫山木場子四副木排結夥而下，直奔臨江去南海。這一日來到臨江這邊的八道溝，頭棹對在排上管燒火做飯的木把王忠說：「到岸上去上點兒菜。」

上菜，就是買菜。因木排在江上行走，有時好幾天靠不了岸，吃住都在木排上，所以得購買一些新鮮菜留著平時吃。

王忠上了八道溝排臥子的土岸，打眼一看，一排的農人面前堆著大蔥、小白菜、新扒出來的土豆什麼的。一見有木排停靠，便一齊喊：「上菜啦！上菜啦……」

王忠買了一些白菜土豆，背著走過一片樹林，突然發現一個十二三歲的孩子手扶犁杖，前頭一個女人在彎腰拉犁，那樣子，使他想起了自己的娘。王忠十幾歲離家闖關東，記得自己和爹爹走時，娘也是像這樣拉犁播種，不覺一股辛酸湧上心頭。

看看天色還早，王忠就把菜筐放在地頭邊，走過去說：「大娘，俺幫你拉……」

誰知女人一抬頭，王忠禁不住愣住了，什麼大娘，原來人家是一個只有三十多歲的女人，只不過衣裳破舊，而且操勞得頭髮有些白了。女人一見身旁的男人，也有些不好意思，就對扶犁的孩子說：「去，給這位大叔倒碗水喝。」孩子去地頭取水，王忠這才知道，這女人叫秀蓮，男人前年下江捕魚淹死了，剩下她和孩子過活。王忠說：「大嫂，俺是個木把，一年路過八道溝兩次。這是『跑南海』，秋後就回來。我看，你是個挺不容易的女人，你要願意，咱們『打伙』過吧。」

打伙，在東北也叫「拉幫」，只不過往往是有的丈夫在，有的丈夫不在。總之打伙就是不做什麼認定，能在一塊過就過，不能就走人，是一種較隨意的婚姻形式。

秀蓮一聽，說：「大哥，這你可想好啊。我這麼大歲數了，又帶著孩子，怕是連累了你！」

王忠說：「啥也別說了，咱們見面，這也是一種緣分啊。」於是，王忠就幫秀蓮拉犁種地。說來也巧，那天由於排上有人生病，老排在八道溝一靠靠了五天，王忠就在秀蓮家待了五天。

缺少男人的家，由於王忠的到來，開始恢復了生活的模樣，地種上了，房子抹上了新泥，院子的杖子也夾上了，而秀蓮也是一點點地離不開王忠了。

就在這一年的秋天，王忠從丹東回來，他到了八道溝，就和拖槽子的老把頭告假，說是要去看秀蓮。老把頭一看他臉上喜悅的樣子，就明白是咋回事了，於是說：「怪不得你在丹東誰也不『靠』，原來你是早已有心上人啦……」

那一天，秀蓮正在地裡割莊稼，就見土道上走來了自己的男人，她大喊一聲：「王忠！」然後扔下鐮刀就奔上來，撲進丈夫的懷裡，說，「可想死俺了！」

王忠緊緊地摟著妻子，說：「秀蓮，我也是！」

坐在地上，秀蓮讓王忠摸自己微微凸起的肚子，說：「王哥，你的骨肉！」

這，是真的嗎？王忠樂壞了。

他把耳朵貼在秀蓮的肚子上，幸福地聽著未來的兒子在妻子的身體中呼吸，把秀蓮抱在懷中。可是，這時，在地的那一頭割地的兒子走了過來。他一見王忠摟著自己的娘，氣得叫道：「你鬆開俺娘！」

秀蓮急忙從王忠懷裡掙脫出來，對兒子說：「小德子，你和誰說話呢？那是你王大叔！」

兒子小德子那年已十五，他什麼都知道了。而且，他從娘微微突出的腹部上，似乎也明白了什麼。於是他說：「我不管什麼王叔不王叔，少來打俺娘的主意……」

王忠說：「小德子，大叔這次是從丹東回來，還買了些布料給你和你娘。」

小德子說：「我不要！你也趕快走。別說我對你不客氣。」說完，把鐮刀往地上一扔，走了。

秀蓮氣得大罵兒子，讓王忠給勸住了。王忠說：「別說他。一點點的，他就會明白了。」於是王忠就住了下來。一連幾天，不見小德子的影子。地裡的莊稼都是王忠收割的，又打場、脫坯、蓋修房子，王忠累得要死要活。可是這天，他在田野裡碰上了小德子。

王忠去鄰家借馬來打場送馬回來的路上，只聽道旁壕溝裡「嘩啦」站起一個人，手握著一把鐮刀。王忠一看，那是小德子。

　　王忠說：「小德子，你怎麼在這裡？」

　　小德子說：「你少問我。我問你，你到底走不走？」

　　王忠一愣，又說：「小德子，我一離開，你和你娘的日子不好過。」

　　「這，不用你管！」

　　「可是，可是你馬上就要有弟弟啦，到時你們的日子就更難了⋯⋯」

　　小德子說：「就是這事，我更恨你。我問你，你到底走不走？」他舉起了手中的鐮刀說，「你不走，我現在就死在你眼前，然後就說是你宰了俺！」

　　王忠的心一下子緊張了。看著這不懂事孩子的舉動，王忠真是無可奈何。於是他說：「好好。小德子，你放下刀，我走⋯⋯」

　　小德子說：「你明天就走。別再讓我看見你。不然，我連俺娘也一塊砍了⋯⋯」

　　王忠不知是怎麼回到家的。

　　秀蓮見他臉色不好，還以為他是累了。她炒了幾個菜，還燙上一壺燒酒。吃完了喝完了，王忠從自己的兜裡掏出唯一的一包錢說：「秀蓮，這錢給你，明天你去買一匹馬來。省得拉車打場的還得借牲口。」

　　秀蓮覺得不對勁，買牲口也得男人去呀，再說丈夫怎麼情緒這麼不好？經過細問，才知是半道上遇見了小德子。她對王忠說：「你就住下。我看他還反了天！」可是王忠說啥也要走。王忠說，他一走，孩子生下來，小德子一點點大了，到那時興許小德子更懂事了，他再來，不是也挺好嗎？秀蓮見勸不住他，也是這麼個理，於是只好含淚同意。

　　在當年的東北和長白山區，這種婚姻的最大麻煩是前方的孩子不認後方的骨肉，而親生的骨肉又不管親爹叫爹。但是，這種方式一輩輩地被保留下來，傳承下去。這是中國北方一種非常神祕而生動的文化。

　　這天晚上，秀蓮哭腫了眼睛。

早上女人給王忠準備好了他的衣帽鞋子。突然，秀蓮摟住了他的脖子，死死地不放，說：「王哥，這兩年，太虧了你啦……」

王忠也是心裡難受。但他卻是強打著笑臉說：「唉，一點一點就好啦。秀蓮，有你對我好，就啥都有了！」

王忠一步邁出院子，向江邊土道走去。

秀蓮頭倚門框，哭得淚人似的，說：「孩子他爹，明年你可來呀！頭副排一下來，我就去接你！抱著咱的孩子去接你……」

「哎哎！好好！」

「我的冤家呀。」秀蓮哭得昏了過去。

憑良心說，她一家全靠王忠的錢養活著，而她也慶幸自己遇上了王忠這樣一個對她知疼知熱的好男人。可是她做夢也沒有想到，這竟是她和心上人的永訣。

王忠在那個秋天，大步地走了。

天上，南飛的大雁哏嘎地叫著，天涼了。

這一切，都留給了歷史，形成一種美好的記憶，永遠地留在秀蓮的心間。

第二年，當第一副老排從上游下來時，和往年一樣，秀蓮抱著孩子，打扮好了，去江邊迎人。可是左等沒有，右等沒有。正在她要走的時候，從一副老排上走下一個人，拿著一個包袱問：「這是秀蓮嫂子吧？」

秀蓮說：「你是王忠老排的夥計吧？」

秀蓮一看那人，再看那人手裡的包袱，這正是去年王忠走時秀蓮給他打的包袱布。她預感到出了什麼事，於是發瘋似的撲了上去。

這時，那人邊遞包袱邊捎話。原來開春，老排在老母豬哨口「起了垛」（木排撞在石砬子上），王忠和另外兩個夥計一塊兒送了命，屍骨就埋在那兒的岸邊。這個包袱是沒出事前，王忠準備捎給秀蓮的。

秀蓮抱過包袱，一點點打開。

多麼熟悉的麻花布包袱，裡面是王忠從山裡帶來的山菜和蘑菇，還有一隻

留給孩子的樺樹皮捲成的小船。

秀蓮把包袱緊緊地摟在懷裡，她慢慢地跪下去，向著那滾滾遠去的大江呼喚著：「王忠——！你回來吧——！」

懷裡，她和木把王忠的骨肉也在哇哇地哭著。

從那以後，人們再也沒看見過秀蓮。有人說，不久秀蓮的兒子小德子也病死了。還有人說秀蓮抱著王忠的孩子走了，往上遊走了，找王忠的墳去了。

八、林中木棺

一年冬天，長白山裡一夥伐木者伐倒了一棵大樹，就在那棵大樹轟然倒下時，底部突然翹起，原來下邊連著一棵空心倒木，可是大夥再一看都愣了，空心倒木竟是一口木棺，木棺裡有一具早已是木乃伊的女屍。只見這女子穿著一件老羊皮襖，腳上是一雙靰鞡，長長的頭髮上卻戴著一頂狗皮帽子。

這是一個什麼樣的女人呢？她為啥隻身來到這茫茫的長白山老林，而最後又長眠在這茫茫的林海之中呢？

回到木把窩棚，大夥就把這事說了。

誰知看窩棚的老伙伕王大叔問大夥：「是不是一口像大樹一樣的木棺？是不是沒有一個釘子全是木銷？」大夥都覺得老王問得蹊蹺，就忍不住問：「難道你知道它的來歷嗎？」於是老木把王大叔就給大夥講了一個傳奇般的故事。

今年已八十三歲的王大叔說他在十四五歲的時候有一個遠房叔叔叫趙有財，是長白縣金懷塔大櫃的水場子活的頭棹，每年一趟率領弟兄們放排去丹東。

這年夏天，趙有財的老排靠上了丹東大東溝的江沿，呼啦一下子一片「靠人」的女人就擁上來了。木把們抬頭一看有點奇怪，今年這來接人的人怎麼一個個都那麼年輕漂亮起來了呢？你看，她們就是不打扮也水靈靈的，「大哥大哥」地叫著，把木把們的心都叫活了，於是一個個地都挑了心上人。但是趙有財身為頭棹大櫃，他得為弟兄們的安全著想，在每個人領著來接人的女人走之

前，他都讓大夥記下各人「靠」住的女人家的住址，以便有事聯繫，最後他才上岸，跟一個叫秋紅的女人走了。

秋紅是一個個頭不高、長得丁丁香香的女人，年齡也就二十多歲。她領著趙有財左轉右轉來到一個院子，喊：「媽，開門。」

一個老太太走出來，開了門一句話沒說就掉頭進另一個屋了。

趙有財有點奇怪，說：「你媽生你氣了？」

秋紅說：「沒。」

趙有財說：「那我去給她倆錢兒零花。」

可秋紅卻百般不讓。

二人上了炕。秋紅摟住趙有財的脖子，親了他一口，說：「大哥，這一季，俺就是你的媳婦，你可得真心待俺。為了你，我把我男人攆走了，孩子送親戚家去了，就是想和你痛痛快快地過過日子……」

趙有財說：「妹子你放心，只要你真心待俺，俺拿你就不當外人。」

秋紅說：「那好。今天咱倆剛見面，你先表示一番吧！」

趙有財說：「表示一番吧。你要買啥，哥出錢。」說著，解開了袂襖裡懷，「嘩啦」一聲大洋就掉了下來。秋紅一見對方真心，也就笑了。說：「誰讓你破費？我就是試試你。」她突然又發現趙有財胸前掛著一塊小猴青玉，就忍不住問：「怎麼，你是膠東人？」趙有財說：「老家膠東牟平嚴家村……」秋紅一愣，似有話要說。

這時，院外突然進來一個孩子喊「媽」。方才開門的老太太急忙迎過去攔住孩子，就見秋紅嚇得直往地上躲。好歹那小孩被老太太推走了。於是秋紅開始做飯。

可是她不是找不到米，就是找不到瓢，好像丟三落四的，於是趙有財就幫她拉風匣，二人好歹是吃完了飯，這時天黑下來。

趙有財想到院子裡去和老太太嘮嘮嗑兒，可老太太就是不出來。於是他只好插上院門，進屋上炕，脫巴脫巴就躺下了。誰知，秋紅坐在北炕沿上，就是

不過來。

趙有財說：「妹子，還得大哥去背你呀！」

沒有回應，卻傳來秋紅低低的抽泣聲。

趙有財一愣，立刻坐起來，說：「秋紅，出什麼事啦？」

秋紅說：「大哥，俺實話對你說吧。俺不是良家婦女，俺是『借房頭子』的。就因下晌咱倆嘮起是老鄉，我不忍心害你。我身子已有病……」接著秋紅講了事情的經過。

原來，這丹東一帶的妓院一看從山裡來的木幫木把早已厭煩妓院生意，願意找一個良家婦女「靠」上，於是在今年夏天木把到來之前就打了主意，幾家妓院聯合買下或租下沿江一帶的人家，讓妓女充當良家婦女去接待木把，俗話叫「借房頭子」，而秋紅就是「旺春堂」妓院的妓女。當她知道趙有財是自己的老鄉，於是又想起一塊闖關東也是進山伐木被大樹砸死的哥哥，又想起自己已得的病，如果讓他上了身，一定會傳染他，所以說了實話。

趙有財一聽，氣得翻身坐了起來，說：「怪不得我今兒個就看著什麼都彆扭，原來你在騙我？」

秋紅只是嗚嗚地哭。趙有財真想狠狠地揍她一頓。可是突然他想起，那些去江邊接人的都是「借房頭子」的吧？一問，果然秋紅說一大半都是。趙有財想，不好，得趕快去告訴弟兄們，去晚了就會染上病了。

秋紅也看出了他的意思，於是說：「大哥，實話對你說了吧，我把底交給了你，我的飯碗也就砸了，而且興許連命都保不住啊……」

趙有財說：「那你也得告訴我！」

秋紅說：「但是，得有一個條件。」

「你說？」

「你們走時，帶上俺。俺再也不願在這兒當妓女啦。進山裡，伺候你，給你當牛做馬也中……」

秋紅說著，眼淚嘩嘩地流淌下來。

趙有財當時也沒多想，就答應了。救人要緊哪。於是他們兩人立刻就奔出了院子，按照秋紅指點的人家，他一個一個地通知弟兄們，就說賣木頭出了事，終於把大夥全部救下。

三天之後，他們這副排的木頭已賣完，他們決定提前返山。因為秋紅的事情已鬧大，幾家妓院揚言要「踢登」（打死）趙有財一夥。這天，他領著弟兄們剛要出大東溝，秋紅背個小包袱趕上來說：「大哥，我跟你們走！」

趙有財說：「你給我滾！都是你壞的事⋯⋯」

秋紅哭著走了。

他領著弟兄們當晚住在了往上走。第二天一起程，又看見秋紅夾著個包坐在不遠的土道上。

原來她在後邊跟了一宿！

秋紅眼睛哭得通紅。她走上來說：「趙大哥，領上俺吧！我已經無家可歸啦⋯⋯」

趙有財說：「你再跟著，我就整死你！」於是大家繼續出發。

可是，他們返山的隊伍走了三天，秋紅還是遠遠地跟著，而且第四天頭晌，當趙有財撐她時，秋紅一咬牙從崖上跳了下去，幸虧被一棵小樹擋住。於是，趙有財犯愁了。

這時，大夥看看趙有財，就說：「大櫃，帶上她吧。當初還是她好心，不然不告訴咱們底細，大家不都染上了病啦？」

趙有財想想，也對。

於是問秋紅：「山裡苦，你能吃？」

秋紅說：「能。」

「跟我過，狗都不如。」

秋紅說：「嫁雞隨雞，嫁狗隨狗。」

說著，還噘著嘴，委屈地瞅著趙有財。這一下，把趙有財也說笑了。於是大夥就把她領上了。

那年，趙有財已經是快五十的人了，撿了一個媳婦領回了山裡，這個消息就像神話一樣的傳開了。趙有財當年還有老爹和兩個哥哥一個弟弟。他領回了秋紅，把這幾個老光棍饞得夠嗆。

你想想啊，他的兩個哥哥一輩子沒說上人。

他的弟弟更不用說了。再說，聽說秋紅是個妓女，總是心中惦記著，想試試。

到了山裡後，趙有財用「大煙」治好了秋紅的病。這種病，主要是起紅斑，趙有財就割破硬皮兒，上上大煙，一下子就治好了。

家裡有了女人了，趙有財家簡直成了熱鬧市。每天有不少光棍的木把來看秋紅，哪怕摸摸她的手，和她嘮嘮嗑，也能過過「癮」。有財也瞭解弟兄們。每當弟兄們來他家，他都喊：「秋紅，秋紅，陪弟兄們喝一口！」秋紅也真行，她從來沒推三阻四的。但最讓趙有財難心的是他的哥哥和弟弟。

有幾回他不在家，上山或放排，他的哥哥和弟弟們便輪流上秋紅的炕。開始秋紅不讓，她是趙有財的人哪。可是哥哥和弟弟們不放過她。有幾次哥倆兒輪流地捉弄她，她成了趙家「公開」的媳婦。

秋紅有苦難言。

有財回來後，秋紅對他說，他開始不信；後來又諒解，哥哥和弟弟一輩子沒成家，就這麼過吧，於是趙有財也就認了。

可是哥哥和弟弟們只「辦事」，卻偏偏不承認，而且背後還罵秋紅：「這臭婊子，我們咋能要她……」這使秋紅格外傷心。

光陰就這麼一點點地消逝，轉眼十年過去了。這期間秋紅是四個「丈夫」的媳婦，她被折磨得蒼老不堪；而趙有財的兩個哥哥也先後得病，死去了，就剩下了有財和弟弟。後來，弟弟覺得名聲不好聽，於是離家出走，到別的山場子伐木去了，家裡扔下了趙有財和秋紅。

這一年，趙有財染上了「病」。

原來他年年上丹東，不可能不去逛窯子，找女人，於是得上了。那時，他

的病已很重，秋紅看在眼裡，痛在心上，也下個決心。

這一天，秋紅突然對丈夫說：「有財，我給你治。」

「你？」

「對。但你得答應我一個條件……」

於是秋紅說出了自己的條件。原來是讓丈夫給她做一副棺材。這還是條件嗎？趙有財是當地出名的木匠，而且是做棺材的好手。再說當地也有個風俗，就是人在死之前，各人都把各人的棺材做好，活人能進去躺一躺，試一試，那才是最最理想的事情啊。趙有財一口答應下來。

但是，秋紅說她要的棺材不是一般的棺材，而且埋葬的地點也得她自己選。

原來，秋紅要求的棺材其實很簡單，就是讓丈夫在原始老林中選一節空心大樹，從中鋸開，兩頭用木鉚堵上。於是趙有財就動手了。

在秋紅的晚年，山場子上謠言四起，說趙家娶了個妓女，說哥兒四個共一個媳婦，等等，說得趙有財和秋紅也真是無法再待，於是他們倆就搬進了深山老林，選一個背靜的山場子，壓了一個小窩棚住了下來。

當秋紅的棺材和地點都選好後，這一天，秋紅對趙有財說：「你能想起咱們當年嗎？」

「在丹東？」

「嗯。那次，我沒答應你呀！我欠下你的。今天，我都還給你……」說著，秋紅脫下了衣裳，露出天生的白白的肌膚，說，「今天，讓你嘗嘗妻子的滋味兒……」

趙有財愣了。可他還是照著做了。

許久許久，秋紅停下來，說：「你好了。我要走了。」

趙有財說：「你說什麼？」

秋紅說：「你的病，已過給了我！」

她於是穿上丈夫的靰鞡，穿上丈夫的老皮襖，戴上丈夫的帽子，說：「有

財，俺走了。」她奔自己的棺木走去，躺在裡邊，真的閉上眼睛睡去了。

永遠地睡去了。

後來，趙有財也不知上哪兒去了。

老放山的木把一個個都知道這個故事，可總也找不見秋紅的棺木，因它和樹木一樣，就像一棵千年老樹，隱藏在茫茫老林裡。

▌附記

　　長白山森林文化是長白山最具特色的文化，也是最為鮮明的絢麗的地域文化，它以自己獨特的地理存在和自然存在構成了這片土地上神奇的文化類型，影響著地球北部的自然史和人類史，也造就了地球北部最優秀的民族，形成了最生動和活態的文化。

　　森林蒼茫的林海，那峰巒疊嶂的山谷和無盡的深山，使得吉林的生存環境十分險惡，古文載「枝柯斜結，障蔽天日，下則水繚縱橫，草葉腐積，草木繁茂，交通為之阻塞。林中產生一種蟦蜢千萬成群，大者如螻蛄，小者如蜜蜂，喙長四五分，形同鳥喙，尖銳如利錐……驟馬被蜇至斃不能興，因而倒斃者比比皆是」。艱難的森林環境，造就了長白山人頑強的生存性格。面對種種苦難，長白山人生活了下來，並創造了最燦爛的文化：長白山森林文化。

　　一是不懼艱險而闖蕩山林的生存文化。世世代代以來，生活在這裡的民族，以大山為家，他們不計生死，走入山林，與荒寒的山林為伍，終於在這裡站住了腳，生活了下來，長白山森林文化是他們的功績文化。

　　二是團結互助的品質文化。在茫茫的參天蔽日的老林中，人和一切生命都顯得渺小，在苦難中人們認識到，只有互幫、互助，生命才能存活，於是長白山森林文化的本質是人與人之間的和睦，生命與生命的互助，這種文化已深深地融進了長白山文化之中，形成了獨特的森林文化形態。

　　三是忠誠為人、敢愛敢恨的情愫文化。在險惡的環境中，在困苦的歷程中，一旦得到人的幫助，另一方便會久記不忘，甚至為了報答、報恩，不惜用生命去表述自己的情腸。有多少可歌可泣的故事和歌謠，就這樣生動地表述著長白山森林文化的樸實、厚重與火熱的情腸，融化了寒冰厚雪，留在這片山林裡。

　　深深的情懷，生命的依靠，這麼多人類的美，往往就是通過大山、森林去

表述，去訴說，這成為長白山森林文化的基點。

四是大自然、大森林立體樸實的美。展現出長白山自己的特點，蒼涼、遙遠，山水相依，草樹相依，巍巍莽莽，那是大自然造物主留給人類的財富，在世界自然史和文化史上不能重複，它的獨立特色和不可替代性，成為長白山森林文化的人類性。

大山和大樹永存，山和樹的文化就會永在。長白山森林文化是一個時時在感染和感動著人，而人一旦被它感染和感動，又忍不住去感染和感動別人的文化，長白山森林文化是世界和人類唯一與眾不同的文化，活著的長白山文化。

吉林文庫 A0703B06

長白山森林文化　下冊

主　　編　曹保明

版權策畫　李　鋒

責任編輯　楊家瑜

發 行 人　陳滿銘

總 經 理　梁錦興

總 編 輯　陳滿銘

副總編輯　張晏瑞

編 輯 所　萬卷樓圖書股份有限公司

排　　版　菩薩蠻數位文化有限公司

印　　刷　維中科技有限公司

封面設計　菩薩蠻數位文化有限公司

出　　版　昌明文化有限公司

桃園市龜山區中原街 32 號

電話　(02)23216565

發　　行　萬卷樓圖書股份有限公司

臺北市羅斯福路二段 41 號 6 樓之 3

電話　(02)23216565

傳真　(02)23218698

電郵　SERVICE@WANJUAN.COM.TW

大陸經銷　廈門外圖臺灣書店有限公司

　　電郵　JKB188@188.COM

ISBN 978-986-496-306-5

2018 年 1 月初版

定價：新臺幣 340 元

如何購買本書：

1. 轉帳購書，請透過以下帳戶

　　合作金庫銀行 古亭分行

　　戶名：萬卷樓圖書股份有限公司

　　帳號：0877717092596

2. 網路購書，請透過萬卷樓網站

　　網址 WWW.WANJUAN.COM.TW

大量購書，請直接聯繫我們，將有專人為您

服務。客服：(02)23216565 分機 610

如有缺頁、破損或裝訂錯誤，請寄回更換

國家圖書館出版品預行編目資料

長白山森林文化 / 曹保明主編.-- 初版.-- 桃
園市：昌明文化出版；臺北市：萬卷樓發
行, 2018.01

　　冊；　　公分

ISBN 978-986-496-306-5(下冊：平裝)

1.森林 2.文化研究 3.長白山

683.42　　　　　　　　　　107002198

本著作物經廈門墨客知識產權代理有限公司代理，由時代文藝出版社授權萬卷樓圖書
股份有限公司出版、發行中文繁體字版版權。

本書為金門大學華語文學系產學合作成果。　　　校對：劉懿心